CASI UNA VIDA

JUSTO VILA

CASI UNA VIDA

Ilustraciones
Javier Fernández de Molina

Trifaldi
2026

Casi una vida
© Justo Vila, 2026

Ilustraciones
© Javier Fernández de Molina, 2026
© *Prólogo y Epílogos*,
   de sus autores.

© De esta 1ª edición, 2026
   Trifaldi-Producciones Multimedia S.L
   http://www.trifaldi.es
© Diseño colección
   Trifaldi-Producciones Multimedia S.L. (Madrid)
© Ilustración de Portada, Javier Fernández de Molina,2026
Diseño, maquetación y corrección ortotipográfica
   Trifaldi-PM. S.L.

ISBN: 979-13-991545-0-4
Depósito Legal: M--5642-2026
Impresión y encuadernación
Safekat.

"La ley reconoce por igual a millonarios y mendigos el derecho a dormir bajo los puentes"

(Anatole France)

PRÓLOGO

LA VOZ CRÍTICA Y SOLIDARIA DE JUSTO VILA

El escritor tiene dos ojos y dos oídos, como la mayoría de las personas. Y sin embargo es diferente a la mayoría, porque suele ver y oír lo que muchos mortales ni ven ni oyen. ¿Acaso hablamos de un sexto sentido? En absoluto. Les diferencia una sensibilidad especial para adentrarse en las entrañas del acontecer, para bucear las causas de los comportamientos humanos. E inventa historias donde trasladar toda su perspectiva, todos sus descubrimientos. Así nacen las novelas, fantásticas, realistas, farsescas, históricas, dramáticas... Justo Vila es reconocido como un gran novelista dentro del panorama español. Sus títulos, -diríamos que sus éxitos- le avalan. *La agonía del búho chico, Lunas de agosto, Siempre algún día,' Mañana sin falta, La calle del medio, El efecto Mandela',* así como *Extremadura, la guerra civil, La guerrilla antifranquista, Libros de viaje, Descubrir España, Extremadura, En cuanto amanezca.*

Pero Justo Vila no es solamente un profesor, un historiador, un arquitecto de la palabra: sino, sencillamente, una persona comprometida con su existencia. Porque sin tomar conciencia de lo que le rodea, no sería capaz de articular sus historias ni sus artículos; Vila Izquierdo, quizás sin pretenderlo, es un gran cronista y cuenta, describe, lo que ve. Las situaciones por las que transcurren los días, con sus problemas y sus retos. También sus sueños de justicia y de un mundo mejor. Y lo hace con un lenguaje sencillo, directo, sin hipérboles ni florituras. Al pan pan… Con un estilo moderado y respetuoso, pero claro y directo.

La metáfora, atribuida a Stendhal, según dejó escrito en su inmortal *Rojo y negro*: "Pero señor mío, una novela es un espejo que se pasea por un largo camino. Ora refleja ante nuestros ojos el azul de los cielos, ora el fango de los charcos del camino" es aplicable en su totalidad a Justo Vila, que en medio del hábitat diario nos envía su parecer -su reto ético- de lo que le circunscribe. Y si hay que desfacer entuertos, no vacila, como en sus diáfanos artículos sobre la Guerra civil y la matanza de Badajoz.

Nada se escapa a sus reflexiones, desde la lucha social, las reivindicaciones de los trabajadores, los problemas en la educación… Con motivo de la huelga general que se convocó en España en 1988, denuncia que "Desde los centros de poder se está orquestando una campaña 'otánica' contra los sindicatos de clase y personas concretas que alcanzan ribetes de escándalo. Se nos cubre de improperios, calumnias y falsedades, con un tinte antisindicalista y una histeria propia de otros tiempos".

Educación de adultos y empleo, privatizaciones, monopolios, futuro de la universidad de Extremadura, política europea, la tercera vía, qué partidos queremos, Almaraz y el problema de la energía nuclear, la cuestión agraria y el reparto de la renta nacional, empleo rural, subsidio de desempleo agrario, son algunos de los asuntos tratados y descritos.

Siempre emanan de sus textos los deseos de mejorar las condiciones sociales de los trabajadores; clarividente su artículo sobre 'La distribución de la riqueza de Extremadura', y la defensa de lo sucedido en determinadas épocas en Extremadura frente al olvido, con el deber de recordar.

Capítulo aparte es el que desmonta todas las mentiras de Pío Moa y reivindica, siempre, la memoria contra el olvido.

Ya hemos mencionado sus determinantes precisiones sobre la 'matanza de Badajoz' en agosto de 1936 y sobre quién desencadenó la guerra.

Pero en esta recopilación de artículos publicados, podemos aclarar conceptos sobre la nueva ley de extranjería, la pena de muerte, el exilio literario extremeño, cartografía regional, entre otros temas tratados.

También, porque firma y defiende sus aspiraciones de cambiar la vida, cambiar el mundo, desde su militancia -comprometida- en el sindicato *Comisiones Obreras*. No esconde sus ideales sociales y políticos.

Pero en especial enfatiza el valor que supuso la aparición de la llamada 'Biblioteca de Barcarrota', que según Justo Vila fue "un soplo de optimismo para la moral de un pueblo tan maltratado por la historia".

Lo dicho. Comprometido con su tierra y con su tiempo, en esta recopilación de sus artículos en prensa, evidencia que nada debería serle ajeno al escribidor en el tránsito que le ha tocado recorrer. Justo Vila Izquierdo es un lúcido relator que de forma sencilla expone su punto de vista sincero con un hálito de esperanza en que todo puede ser mejorado. Escribe que los escritores "no describimos, sino que interpretamos, recreamos la realidad". Pero la realidad, para el autor, es injusta: "Se tienen que producir cambios en favor de las capas más desfavorecidas y de los trabajadores en general". Con un título muy clarificador: *Casi una vida* y subtítulos cargados de compromiso, este libro evidencia que Justo Vila Izquierdo es un observador -veraz, crítico, reivindicativo- a la vera del camino: honrado y clarividente desfacedor de entuertos.

Luis Ángel Ruiz de Gopegui Santoyo
(Periodista)

1.- ¡BASTA YA!

¡BASTA YA! (PARO GENERAL: 14-D)

El paro general del 14-D cuenta en España, incluida Extremadura, con un grado de participación como no se había dado nunca. Por todo el país, por toda la región se extiende un ambiente de solidaridad entre sindicatos, trabajadores y sociedad en general, con una única nota de crispación: la apuesta del Gobierno en su intento por extender el miedo y la incertidumbre entre los ciudadanos.

Desde los centros de poder se está orquestando una campaña "otánica" contra los sindicatos de clase y personas concretas que alcanza ribetes de escándalo. Se nos cubre de improperios, calumnias y falsedades, con un tinte antisindicalista y una histeria propia de otros tiempos.

Se intoxica sobre posibles piquetes violentos, cuando quien está ejerciendo la violencia es su actitud dialéctica, sobre todo con la manipulación desde la televisión. Utilizar el poder desde el gobierno para quitarnos a los demás derechos fundamentales como el de expresión, sí es una forma de violencia. Forzar la conciencia y la razón de los militantes socialistas para que elijan entre

PSOE y UGT, cuando en realidad el único partido que cabe tomar es el de los trabajadores, sí es una forma de violencia. La circular emanada del ministerio para controlar y amenazar a los funcionarios huelguistas, también es violencia. En definitiva, mandar a subalternos, en Badajoz ciudad, a que retiren la propaganda de los sindicatos de los tablones de anuncios, sí constituye piquetes "violentos".

Este país y esta región no se merecen tal intimidación. No es admisible que los gobiernos, ya sean el del país, la región o los propios ayuntamientos, pongan al pueblo bajo chantaje cuando se convoca una acción lícita y legítima por parte de los sindicatos.

En nuestra región, durante las últimas semanas, hay quienes contribuyen a esa campaña de desinformación planificada, orquestada desde Madrid (…), que envía un mensaje a la sociedad extremeña: el de que no hay razones para ir a la huelga general. Veamos: durante los últimos años se ha incrementado en la región la distancia entre los que tienen capitales y bienes y quienes malviven en el desempleo, la economía sumergida y la marginación. Tenemos la tasa de paro más alta del país, con más de ciento treinta mil desempleados forzosos. Somos la ultima región en niveles de renta. Solo uno de cada tres parados no agrícolas tiene alguna clase de cobertura al desempleo. Hay más de doscientos cincuenta mil pobres. El 80% de las pensiones están por debajo del salario mínimo interprofesional. La contratación eventual se ha generalizado y cada vez se produce más transformación de empleo fijo en empleo precario… Y esto, cuando, efectivamente, la economía extremeña ha crecido. Pero una cosa es cuanto se produce y otra bien distinta cómo se produce y cómo se distribuye. Porque, cuando la situación de miles de extremeños es de grave penuria, la banca y las cajas obtienen en 1987 un 38% más de beneficios que en 1986, "hazaña" que se repite en los primeros meses de este año con un 45% más de beneficios que en el mismo periodo del año pasado. A la vez, los beneficios de los empresarios extremeños se multiplican desde hace tres años. No es de extrañar, pues, que la organización de empresarios extremeños (CREEX) utilice los mismos mensajes que el Gobierno para descalificar el paro general, al que califican de "injusto" e "inoportuno". ¿Inoportuno para quien? ¿Injusto para quién?

Entre los calificativos que tanto unos como otros lanzan contra el paro del día 14 encontramos los de "irresponsable" e "insolidario". Habrá que recordarles que la política responsable de los sindicatos, de los trabajadores de este país ha hecho posible la consolidación del sistema democrático, el saneamiento de la economía y el incremento de la productividad. Por eso ahora, cuando la situación económica ha experimentado una notable mejoría, gracias sobre todo al sacrificio de los trabajadores, no creemos disparatado exigir una más justa distribución de la renta, no creemos que sea "inoportuno" exigir el establecimiento de prioridades sociales postergadas durante años.

¿Son estas las razones políticas a que aluden gobierno y patronal? Los sindicatos tenemos nuestras razones, que son exclusivamente reivindicativas y constitucionales (…)

¡Ya basta!

No podemos permitir que se siga practicando y profundizando en una política que implica algunas de las más graves agresiones y ataques sufridos por los trabajadores desde 1977: degradación de los servicios públicos y prestaciones sociales (Seguridad Social, Enseñanza, Vivienda…), ataque a las pensiones, incumplimiento en materia de cobertura a los parados, favorecimiento de la utilización especulativa de los excedentes empresariales, imposición de topes salariales (…) y por último la guinda del mal llamado *Plan de Empleo Juvenil,* que supone desarrollar una de las alternativas más conservadoras en política de empleo en las últimas décadas (…)

La novedad entre este nuevo tipo de contrato y los otros 16 modelos de contratación temporal ya existentes consiste en que no tendrá coste alguno para el empresario. Además, va a producir el efecto sustitución de trabajadores mayores por jóvenes baratos y de los propios jóvenes entre sí. Ante esta situación no tenemos más remedio que organizar una movilización general, con la única motivación de que se produzcan cambios en materia social y económica en favor de las capas más desfavorecidas y de los trabajadores en general. El 14-D tendrá –también en Extremadura– un carácter masivo, reivindicativo y pacifico…

Periódico Extremadura, 11 de diciembre de 1988

HOY 13 de diciembre de 1988

FRACASO ESCOLAR Y DESIGUALDADES SOCIALES

El día seis de julio, el periódico *HOY* recogía la preocupación del director del MEC de Badajoz ante el problema del fracaso escolar. Manuel Nieto afirmaba que "este es un aspecto complejo que debe de estudiarse desde distintos ángulos porque influyen en ello multitud de factores". En efecto, pero como ha demostrado el equipo de profesores del Centro Abril de Badajoz en un recientísimo trabajo de investigación, este, el fracaso escolar, depende en gran parte del medio de procedencia de los alumnos. La profesión de los padres, el nivel de instrucción de los mismos, el hábitat y la actitud de la familia frente al saber influyen en los éxitos y fracasos tanto como las propias disposiciones intelectuales de los muchachos o el mismo sistema educativo.

La investigación a la que hacía referencia anteriormente se realizó sobre una muestra de 1.120 alumnos que cursaron 8º de EGB en la ciudad de Badajoz durante los últimos siete cursos. El porcentaje de alumnos que obtienen calificación global positiva en la ciudad durante el curso 1991/1992 es sensiblemente superior a la media de España (87,8% y 77,5% respectivamente). Sin embargo este dato, esperanzador a primera vista, no debe ocultar el bosque de la realidad concreta. Si arañamos la superficie de los porcentajes globales descubriremos fuertes desequilibrios del rendimiento escolar según se trate de alumnos residentes en Santa Marina, San Roque o Cuestas de Orinaza.

Porcentaje de Alumnos de 8º de EGB que obtuvieron el Graduado Escolar durante el curso 1991/1992:

Santa Marina	97,2
San Roque	89,5
Cuestas de Orinaza	54,1
Media de Badajoz	87,8
Media de España	77,5

Un simple vistazo al cuadro confirma la hipótesis de que los alumnos de educación básica de los medios menos favorecidos social y culturalmente pagan un mayor tributo al fracaso escolar.

Si tomamos la variable nivel económico de los padres de los muchachos del último curso de la EGB, se constata sin lugar a dudas la influencia del mismo en el éxito o fracaso del alumnado.

Porcentaje de fracaso escolar según la media de los últimos siete años:

Nivel económico alto................. 8,00 %
Nivel económico medio............ 21,20 %
Nivel económico bajo............... 45,80 %

La diferencia de fracaso escolar según el nivel económico de los padres se explica por la interacción de diversos factores. Los alumnos procedentes de hogares en los que a las desventajas económicas y sociales se une frecuentemente la cultural están menos preparados al comienzo y reciben menos ayuda en los momentos difíciles, por lo que serán más vulnerables al fracaso. En estos medios nada induce o ayuda a estudiar fuera de la escuela. El subproletariado forma una clase poco permeable a la acción escolar. La resignación de muchos padres es transmitida a los hijos.

La influencia que el medio económico y socio-cultural ejerce sobre la población escolar es decisiva. Ya a finales de los años treinta Durkheim dio valor teórico a esta comprobación. Admitiendo la existencia de un condicionamiento de lo social, el autor de *Les règles de la méthode sociologique* formuló la hipótesis de que ese condicionamiento influye psicológicamente en los miembros de los grupos humanos de tal manera que –actuando desde el exterior– se interioriza en cada individuo y le determina inevitablemente. Desde entonces otros autores han defendido, explícita o implícitamente, esta hipótesis. La influencia del medio, considerada como un peso de lo social, implica la idea de una especie de fatalidad, de la que solo escapan los individuos excepcionales. La importancia de comprobar tal afirmación es obvia, ya que pone en tela de juicio a las instituciones sociales como uno de los fines de la educación, ya que si las instituciones sociales conducen a este inmovilismo fatal de la estratificación social, la educación se asemeja a una fuerza de estabilización de la sociedad y suprime todo poder liberalizador en quienes la reciben. Por duro que sea reconocerlo existe ese condicionamiento colectivo en los escolares, pero lejos de resignarnos a ese determinismo fatal, es necesario demostrar que, mediante estrategias concertadas de desarrollo y educación, esta puede ofrecer posibilidades para la expansión de las aptitudes potenciales de los escolares susceptibles de anular las fuerzas determinantes que parecen marcarles por todas partes. La democratización de la enseñanza tiene como fin permitir a cada persona, cualquiera que sea su medio y su condición social, el máximo provecho de los medios de instrucción correspondientes a sus aptitudes. Pero después de años acumulando e intensificando esfuerzos en esta dirección, comprobamos que el fatalismo del peso de lo social aún no ha sido superado, quizás debido a que los caminos del sistema educativo en su conjunto y de la sociedad son divergentes. ¿No habrá que hacer recapacitar a la sociedad en su conjunto, empezando por los poderes públicos, sobre la raíz del problema, es decir las cuestiones materiales, que en barrios como Las Cuestas de Orinaza, son mas urgentes que la propia instrucción de sus habitantes?

Los factores que han dado lugar a la situación de fracaso escolar en estos medios de ínfimo nivel social y económico, ¿son esencialmente escolares? El problema es lo suficientemente grave como para tratar de darle una solución de conjunto, desde el punto de vista social y pedagógico. No podemos aceptar fatalmente que la influencia del medio de origen de los escolares les condicione definitivamente. Se debe superar el abismo existente entre el modelo cultural transmitido por la escuela tradicional y las preferencias de lo vivido por los alumnos de los medios más desfavorecidos, abismo que provoca una reproducción de las desigualdades y conduce a la amargura, al rechazo de los conocimientos y a la exclusión de buena parte de los muchachos de cualquier edad…

(*HOY*, 4 de agosto de 1993)

EDUCACIÓN DE ADULTOS Y EMPLEO (I)

Solo una de cada cuatro personas trabaja en el municipio de Badajoz. Sólo 30.218 disfrutan de un empleo. Nunca antes en la historia el empleo fue un bien tan escaso. Veintiocho de cada cien pacenses en edad de trabajar y en situación de hacerlo están en paro. El drama del desempleo golpea con más fuerza a los sectores de población más débiles. El 35 % de las mujeres del municipio no encuentran trabajo. Ese porcentaje se eleva al 38% entre los jóvenes que buscan su primer empleo. Si ademas, estos jóvenes son mujeres, la cifra se dispara hasta el 54%. Más de doce mil personas buscan empleo y no lo encuentran en la ciudad de Badajoz. Casi cinco mil son hombres. Siete mil cuatrocientos son mujeres. Muchos son jóvenes pacenses que se incorporan a la esfera de la exclusión social. Un número considerable de ellos abandonaron la formación primaria sin titulación. En otros tiempos podrían haber encontrado un empleo como peones, hoy están desprovistos hasta del derecho al sub-sidio de desempleo. Tampoco pueden acogerse al salario social de la Junta de Extremadura, porque conviven con sus padres y poco o mucho alguna que otra peseta entra en el hogar familiar.

Desde luego, la superación del problema exige modificaciones radicales de la propia política económica en el plano interior y apoyo y tiempo de la Comunidad Europea para superar las diferencias de bienestar de nuestro pueblo con respecto a los países del centro de la misma y de Extremadura respecto a regiones y nacionalidades con mayores índices de riqueza económica y cultural.

Mas, estoy convencido de que el problema esencial es la formación, hipótesis que nos sitúa de pronto en el terreno del empleo - formación - inserción. En general, la probabilidad de ser parado de larga duración disminuye en función del grado de formación, lo que no quiere decir que haya una relación automática entre la formación y el empleo. Cada día toman más fuerza propuestas de fomento, potenciación y desarrollo de la formación profesional, mediante una adecuación flexible de esta a las necesidades en continua evolución del sistema productivo. Mas, dicho esto, con lo que, repito, estoy esencialmente de acuerdo, es necesario matizar algunos aspectos. No cabe duda de que un joven que abandona, por las circunstancias que sean, los estudios prematuramente, apenas tiene perspectivas. Con mayor motivo si se trata de una mujer. Pero, ¿acaso podrá alguien afirmar que la situación de paro del muchacho que deja los estudios se deba al hecho de que su nivel de formación sea bajo? Cualquier análisis sobre el drama del paro conduce a una postura de prudencia, ya que se entrecruzan diversos factores. Es cierto que un aumento de formación previene relativamente mejor la situación de paro, pero sería erróneo creer que la crisis de empleo podría resolverse exclusivamente con la formación: el aumento del nivel de formación de cada ciudad no afecta a la creación de nuevos puestos de trabajo. Nunca a lo largo de la historia ha existido un nivel medio de formación tan elevado como hoy. Y nunca ha existido tanto desempleo. En realidad, el efecto esencial consiste en una mejora de las compatibilidades individuales. A igual volumen global de empleo, el más competitivo sustituye al menos competitivo.

En definitiva, la relación formación / empleo es pertinente desde el punto de vista de la microeconomía (la del individuo), pero es bastante más difícil establecerla a un nivel macroeconómico. Es decir, la relación formación / empleo no tiene carácter de automatismo. La formación no va a crear automáticamente empleo para todos los parados. Ahora bien, dicho esto, repito que, mientras más alto sea el nivel de formación de una persona, mayores serán sus probabilidades de encontrar empleo. Y si esta afirmación es correcta, convendrán conmigo en que los analfabetos absolutos, las personas que no saben leer ni escribir, y los analfabetos funcionales, o sea aquellos que no tienen un dominio suficiente de la lectura y escritura u otros instrumentos para comprender el sentido de lo que leen, o para rellenar, por ejemplo, sencillos formularios, difícilmente podrán seguir alguna de las vías hacia el empleo. Encontrarán cada día más puertas cerradas –recordemos que el empleo es un bien escaso–, y formarán parte del "cuarto mundo", es decir del espacio cada vez más amplio de la marginación.

Volvamos al municipio de Badajoz, donde hay cerca de cinco mil personas mayores de quince años que no saben leer ni escribir. Además, más de treinta mil jóvenes y adultos no tiene estudios terminados de ningún tipo.

(*Periódico Extremadura*, 3 de junio de 1993)

EDUCACIÓN DE ADULTOS Y EMPLEO (II)

Tras la frialdad de las cifras de niveles de formación que dejábamos caer hace unos días se encuentra la trayectoria de las personas analfabetas y sin estudios y, a menudo, sus malas condiciones de vida. Analfabetos, ¿por qué? ¡Después de tantos años de enseñanza obligatoria y gratuita! Sería conveniente recordar que la amplitud del analfabetismo en España, en Extremadura, en el municipio de Badajoz, se ha revelado durante la crisis económica de los setenta. No olvidemos que durante los últimos treinta años, la ciudad de Badajoz nos ha acogido a miles de inmigrantes procedentes del medio rural provincial. Mientras la provincia se desangraba demográficamente (entre 1960 y 1990 pasó de 850.000 habitantes a 650.000), Badajoz pasó de 95.000 a 126.000 en el mismo periodo de tiempo.

La crisis de los setenta afectó duramente a quienes habían encontrado empleo en la ciudad sin demasiados problemas, a pesar de sus bajos niveles de formación. Algunos, después de algún tiempo en el desempleo, pudieron encontrar un nuevo trabajo. Pero, muchos no volvieron a trabajar jamás, al menos con contrato estable.

Con la crisis de los primeros años noventa, miles de jovenes, es decir una nueva generación, se encuentran en la situación de no haber encontrado todavía su primer empleo. El número de los excluidos aumenta. En tiempos de crisis la contratación se limita, pero es que, además, las empresas públicas y privadas –en función de la ley de la oferta y la demanda– elevan sus exigencias en lo que se refiere a cualificación. Por otro lado, la estructura del empleo se ha transformado profundamente en los últimos quince o veinte años con un aumento excesivo del sector terciario y el desarrollo de las nuevas tecnologías en la industria e incluso en la agricultura la desaparición masiva de los puestos de trabajo no cualificados. No es casualidad que más del 50% de los parados de larga duración registrados por el INEM de Badajoz no posean el titulo de Graduado Escolar. Pero, hay más: cada vez con mayor frecuencia estas personas quedan automáticamente excluidas de los cauces clásicos de Formación Profesional y ocupacional, ya que el nivel de exigencia para acceder es demasiado elevado para un sector infraescolarizado como este.

Para muchas de estas personas, la educación de adultos (alfabetización, Certificado, Graduado, futura ESO…) será realmente la única formación accesible. Sin duda alguna hay que reconocer que las acciones de educación de adultos en el municipio de Badajoz han dado resultados positivos durante los últimos años. Aunque también habría que reconocer que estos son insuficientes, estando muy lejos aún de llegar al fondo del problema. Llegamos a poca gente relacionada con la población afectada. No aportamos una solución real a los problemas que se plantean. Nos quedamos en la superficie de los problemas. No analizamos realmente lo que está en juego, especialmente por no haber situado a los propios afectados en el centro de las acciones, y también por no haber analizado suficientemente los lazos entre la alfabetización, la educación de jóvenes y adultos y una vía de liberación más amplia que afecta al propio funcionamiento de la democracia en el tipo de desarrollo de nuestra sociedad. Ya en 1975, la UNESCO declaraba en Persépolis que la alfabetización, la educación en general, es un acto político. No es neutra, ya que desvelar la realidad social para transformarla, o disimularla para conservarla, constituyen actos políticos. Existen por tanto estructuras económicas, sociales, políticas, administrativas que son favorables a la realización del proyecto de alfabetización y otras que lo obstaculizan. En la ciudad de Badajoz existen múltiples instituciones y organismos dedicados de una u otra forma a la educación de adultos, con variadas ofertas regladas y no regladas. Sin embargo hay descoordinación entre las distintas instituciones y organismos y repetición del mismo tipo de actividades.

Para salir del actual callejón sin salida es condición necesaria el reagrupamiento de todos los efectivos en una red pluridisciplinar que coordine de forma precisa, mediante la puesta en marcha de estrategias concertadas, la acción de alfabetizados, enseñantes, animadores socioculturales, trabajadores sociales, etc.

Mas ni con pasos de gigante como el aquí anunciado podremos escapar a un replanteamiento sociopolítico mas global, de lo contrario solo estaremos desplazando la coartada. Los poderes públicos tienen una responsabilidad concreta en la determinación de políticas que favorezcan efectivamente prioridades socioeducativas, dotando a la Educación de Adultos –cenicienta del sistema educativo– de su verdadero sentido en una sociedad en cambio.

(*Periódico Extremadura*, 6 de junio de 1993)

PROFESORES, HA MERECIDO LA PENA

Seis meses después del nefasto preacuerdo que los profesores extremeños rechazamos masivamente, se puede someter a consulta una nueva propuesta que avanza sustancialmente en la solución de una parte importante de los temas planteados unilateralmente en la plataforma sindical de 23 de mayo.

El curso pasado los profesores pedimos cosas razonables y posibles. Había que estar ciego para no ver que la huelga tenía fuertes raíces, justas reivindicaciones. Maravall pagó por ello. Aquel equipo ministerial se arregló como nadie para combinar la arrogancia con el entreguismo y la provocación verbal. Buena parte de la crispación que se produjo hace solo unos meses tenía su causa en las declaraciones de los responsables ministeriales, incapaces de entender que el diálogo no es solo búsqueda de acuerdo sino talante abierto y capacidad de integración.

El talante del nuevo equipo ministerial ha sido muy distinto. Y hay que decirlo: ha colaborado para llegar a un acuerdo. Si bien, lo conseguido es fruto casi en su totalidad de la lucha y la firmeza de miles de profesores y profesoras de todo el país.

Ni por asomo se parece esta propuesta de acuerdo al "preacuerdo" de Maravall. Este se cansó de decir que solo tenía treinta y cinco mil millones y ahora hay sobre la mesa mas de cien mil. En todo momento negaron el principio de la homologación con el resto de los funcionarios de la misma categoría y nivel. Ahora se reconoce el principio de homologación tal y como exigía el primer punto de la plataforma reivindicativa. Además, al enmarcarlo dentro del sistema retributivo de los funcionarios, desarrollamos otro de los puntos fundamentales del programa de miles de docentes.

El contenido retributivo de la propuesta de acuerdo supera con mucho el "preacuerdo", aunque no se haya alcanzado el total de nuestras reivindicaciones. Así, un profesor de EGB cobrará en 1990 veintitrés mil pesetas más que si ese mismo profesor siguiese con el nivel 17, que era lo que ya tenía al comenzar la huelga, adicionales al aumento general de los funcionarios. Un agregado y un profesor de FP cobrarán veinticuatro mil pesetas más. Un catedrático, veintisiete mil pesetas más.

Un logro importante a destacar es que conseguimos un complemento específico docente lineal, de igual cuantía para todos, que será de más de doce mil pesetas en 1990.

Por otra parte se supera el acuerdo del consejo de ministros de julio, adelantando la aplicación del complemento de destino (21, 24 y nivelador) a enero de 1989. Se superan, asimismo, en cuantías finales y fechas de aplicación todos los preacuerdos y acuerdos filmados en las comunidades autónomas con competencias.

El tema de responsabilidad civil se concluye con un importante avance en todos los terrenos que, cuando se desarrollen totalmente, posibilitarán solucionar definitivamente esa problemática.

El tema de interinos refleja avances, aunque algunos sean insuficientes. Es positivo, aunque no plenamente satisfactorio, el que sea en tres años el conseguir el cien por cien de las retribuciones. Es igualmente positivo el haberlo conseguido para el conjunto de los interinos de la Administración. Es insuficiente la fórmula de estabilidad, por lo que deberemos multiplicar el control sindical para que en la práctica afecte a todos. En cuanto al capítulo de concursos, este año será el último según la normativa vigente. Se abren negociaciones sobre el sistema de concurrencia y el consorte condicional. En resumen, el acuerdo supone un importante paso adelante en las reivindicaciones del profesorado, que debe de seguir siendo complementado con la participación activa en los posteriores procesos de negociación que el desarrollo de este acuerdo exige.

Ahora es el profesorado quien tiene la palabra en la consulta que estos días se está desarrollando...

(*HOY*, 21 de noviembre de 1988)

QUE DIOS NOS COJA CONFESADOS

A veces la doble moral hace que las cosas no se vean con claridad. Durante años el capitalismo ilustrado llegó incluso a sostener que el objetivo final de todas sus actividades no era el beneficio, olvidando que la fuerza de la idea de la empresa privada yace en su aterradora simplicidad. En pocas palabras, sugiere que la totalidad de la vida puede ser reducida precisamente a un aspecto: beneficios.

El hombre de negocios, como individuo privado, puede estar interesado en otros aspectos de la vida –tal vez en la bondad, la verdad, la belleza–, pero como hombre de negocios se preocupa solo de los beneficios. Se sabe qué es lo que hay que hacer. Todo aquello que produzca beneficios. Se sabe qué es lo que hay que evitar: todo aquello que arroje pérdidas. No es casualidad que los hombres de negocios con éxito, a menudo resulten tan asombrosamente primitivos.

La esencia de la empresa privada es la propiedad privada de los medios de producción, distribución e intercambio, pero hay una diferencia muy importante entre la propiedad que es una ayuda para el trabajador creador y la propiedad que es una alternativa al trabajo creador. Hay algo natural y saludable acerca de la primera, la propiedad privada del propietario que trabaja, y hay algo que es artificial y enfermizo acerca de la segunda, la propiedad privada del propietario pasivo, que vive parasitariamente del trabajo de los demás.

No nos engañemos. Un año después del triunfo de la derecha en las elecciones generales, cuando se asegura que la economía española ha mejorado, lo que se quiere decir es que han aumentado los beneficios de los propietarios pasivos.

Así como el discurso marxista de antaño presentaba los intereses de la clase trabajadora como los intereses universales, el discurso neoliberal pretende hacernos creer que los intereses de la burguesía y clases pudientes son ahora los intereses universales.

Por más que la sociedad, una vez más regida esencialmente por la idolatría del "enrichissez-vous", festeje a sus millonarios como a héroes, la sociedad, sin embargo, muestra que la mayoría de las poblaciones no se beneficia de la política neoliberal del gobierno Aznar–Pujol.

¿Por qué si la economía marcha bien no se crea empleo? A veces olvidamos que un pollo para dos, si se lo come uno, es un pollo para uno. Esto sucede cuando son las clases pudientes las que configuran el debate y los términos hegemónicos del discurso económico.

Desde que los republicanos del señor R. Reagan y los conservadores de la señora M. Thacher llegaron al poder, la nueva ortodoxia del pensamiento económico considera al Estado y sus intervenciones como un obstáculo para el desarrollo económico y social de las poblaciones. El pensamiento neoliberal ha sustituido al pensamiento keynesiano, convirtiéndose en dominante en los centros políticos y económicos internacionales, a través de los centros académicos y de su amplia difusión en los medios de comunicación.

Uno de los argumentos que constantemente se presentan a favor de las políticas neoliberales es ese supuesto éxito de EE.UU. en crear empleo. Se atribuye a su mayor flexibilidad laboral y menor protección social. El empleo creado en EE.UU. durante la década de los ochenta fue de un 18,7%, frente a un 26,5% en Australia y un 20,1% en Canadá, y ello a pesar de que tanto Australia como Canadá tienen mayor protección social que EE.UU. y menor flexibilidad laboral.

En los primeros años de la década de los noventa (periodo en que las políticas neoliberales continuaban vigentes en EE.UU.), la tasa de creación de empleo (0,2%) fue la menor de los países que crearon empleo, incluida Holanda (6,6%), Japón (5,2%), Italia (1,9%), Alemania Occidental (5,3%) y Francia (0,8%). Cabe concluir, por tanto, que no existe el milagro de creación de empleo en EE.UU. En realidad, otros países con mayor proteccionismo y menor flexibilidad laboral han sido mas exitosos que EE.UU. en producir empleo.

Fruto del pensamiento neoliberal es la tan manoseada flexibilidad laboral. En España el debate en este campo ha alcanzado niveles estridentes. No hay banquero ni magnate que se precie que no nos regale cada mañana el oído vendiéndonos lo que pretenden que es mejor para los trabajadores (de mono azul y de bata blanca). Sin embargo, un estudio detallado de las medidas de flexibilidad laboral aplicadas en los países de la OCDE, permite concluir que la flexibilidad no es la estrategia adecuada para resolver el enorme problema del paro. En realidad son las políticas liberales las que están creando a nivel europeo los problemas del paro, mediante medidas liberalizadoras que están incrementando las desigualdades sociales, el descenso de la demanda y el flujo de capitales financieros que determina un nivel excesivamente alto de intereses. Estas son las causas del desempleo. El hecho de que la cultura económica dominante continúe apoyando las tesis liberales, a pesar de la evidencia que demuestra su fracaso, se debe a que beneficia a los sectores más pudientes de la población, cuyo standar de vida y niveles de renta se ha incrementado considerablemente como resultado de la aplicación de estas políticas liberales.

Es erróneo, pues, enfatizar la flexibilidad laboral, tal

como se hace en España, error que ha sido reconocido incluso por la Comisión Europea ("*El Mundo*", 13 de marzo de 1996). En España, el precio del trabajo es el más bajo entre los principales países de la UE, mientras que el precio de la electricidad para clientes industriales y el precio del dinero (tipos de intereses medios anuales) son mucho más caros. Esta es la realidad que se ignora con excesiva frecuencia en el debate español, que se centra primordialmente en la necesidad de flexibilizar el mundo del trabajo, mostrando poco interés por agilizar la rigidez empresarial.

En realidad hay tres vías para crear empleo. Una es a través del sector privado, con expansión creadora de empleo (puede haber expansión y crecimiento económico con disminución de empleo). Otra vía de creación de empleo es a través del sector público, y una tercera vía es a través de la reducción y reparto del tiempo de trabajo. En España, la respuesta al desempleo de las fuerzas progresistas se centra primordialmente en disminuir la fuerza laboral mediante la jubilación anticipada y la reducción del tiempo del trabajo e incremento de su reparto. La respuesta de las fuerzas conservadoras y neoliberales pasa por la tan manoseada flexibilidad laboral.

La solución del problema del paro requiere una estrategia que se basa en un estímulo de las tres vías antes citadas. La patronal española, con el apoyo del gobierno, quiere hacer creer que sus intereses son los intereses del conjunto de la sociedad, mientras reconoce claramente que su objetivo en la negociación con los sindicatos para la reforma del mercado laboral es el abaratamiento puro y duro del despido. ¡Que Dios nos coja confesados!

(*Periódico Extremadura*, 5 de marzo de 1997)

ESPAÑA, S.A. / ESPANYA, S.A.

Una estadística, convenientemente torturada, acaba confesando lo que no está en los papeles. Puede confesar, por ejemplo, que, como dejábamos caer en anteriores artículos, un pollo para dos, si se lo come uno solo, es medio pollo para cada uno. Es la única manera de entender que España vaya bien y que a la vez hayan crecido durante los últimos cuatro años las desigualdades sociales.

Es cierto que el gobierno del Partido Popular cogió una buena ola económica y que la legislatura que ahora acaba ha tenido el viento de cola, un viento que ha recorrido occidente de norte a sur y de este a oeste. Pero también es cierto que mientras otros gobiernos de países europeos han aprovechado esta favorable coyuntura para aliviar el problema de los mas desvalidos, aumentando significativamente los gastos sociales, el gobierno de José María Aznar ha puesto esta etapa de bonanza económica al servicio de una minoría. No me cansaré de repetir que tan importante como la cantidad de riqueza que pueda o no crear un país es la forma cómo se redistribuye esa riqueza.

Se produce riqueza para algo y para alguien, en primer lugar para que el género humano pueda vivir sin grandes sobresaltos, para que haya calidad de vida, para que por el hecho de ser, y trabajando todos los días, se tenga la vida asegurada desde que se nace hasta que se muere.

Desde un punto de vista humanista, lo importante no es el tiempo que tardan en llegar a la meta unos pocos privilegiados, lo importante es llegar todos sin dejar en la cuneta del camino a los más débiles, a los ancianos, a los parados, a las minorías étnicas, a los discapacitados, a los descolocados.

España, que debía de ser la casa de todos (una casa donde no quepan ni la marginación ni la injusticia, una casa donde los espacios estén bien distribuidos) es hoy una extraña especie de sociedad anónima donde muy pocos acaparan los mejores aposentos, mientras que la inmensa mayoría se apelotona en los sótanos y doblados, y los más débiles, social y económicamente, resisten a la intemperie.

Nunca en la historia de este país se acumuló en tan corto espacio de tiempo y en tan pocas manos tantísimo poder económico. El Partido Popular ha privatizado casi todo lo privatizable, sin que el conjunto de los españoles haya visto abaratarse ni mejorar, por ejemplo, los servicios públicos básicos de telefonía, electricidad o transporte. Casos como los de Telefónica, Repsol, Tabacalera, Argentaria o Endesa son la mejor ejemplificación de que el gobierno Aznar está favoreciendo, cuando no auspiciando el desguace de España para reconvertirla en una gigantesca y monstruosa sociedad anónima al servicio de un pequeño grupo de elegidos, íntimamente ligados a la cúpula del gobierno del PP.

La histeria privatizadora de Aznar y su equipo, la falta de transparencia con que ha sido vendidas las grandes empresas publicas que tenían beneficios (las empresas en quiebra siguen en el sector público) y la premura con que se han realizado las privatizaciones han distorsionado profundamente la economía española.

Los monopolios públicos simplemente se han convertido en monopolios privados, sin que la privatización haya llevado emparejada la liberalización de los mercados de servicios públicos. (el mismo Estado es quien ha tolerado que las compañías herederas de los monopolios hayan hecho inviable cualquier vestigio de competencia). En definitiva, se ha privatizado, pero no se ha liberalizado, por lo que el proceso de privatización liderado por el gobierno del PP carece de legitimación social. A la vez que se privatiza España, el gobierno del PP confunde beneficencia con justicia social. Nunca desde su origen a principio de los años ochenta, estuvo el estado de bienestar tan amenazado como hoy. El PP no ha respetado ninguno de sus pilares básicos. La enseñanza pública pierde recursos en beneficio de la privada. El gobierno Aznar se ha dedicado a deteriorar la calidad de la enseñanza pública y a planificar el fracaso de la Educación Secundaria Obligatoria (ESO). La sanidad pública se está convirtiendo en sanidad asistencial, mientras que los recursos son asignados a fundaciones de dudosa eficacia, hasta el punto de confundir un hospital con un supermercado (se habla de lucro en lugar de salud).

En definitiva, resulta desolador que en tiempos de vacas gordas el gobierno se olvide precisamente de los derechos sociales. Para este gobierno, los más débiles deben de ser atendidos por razones de caridad, no de justicia, y las familias afectadas deben de arreglárselas como puedan.

El peligro, ahora, no es el estado devorador sino el mercado sacralizado. En palabras de Milos Forman, "salimos del zoológico y entramos en la selva", una selva donde la incertidumbre sobre el futuro, el miedo real al desempleo, el pavor a una vida sin trabajo, sin autonomía personal, está conduciendo a grandes masas de jovenes (y no tan jóvenes) a la pasividad, a la evasión y a la desesperanza.

(Periódico Extremadura y
P. de Catalunya, 6 de marzo de 2000)

DE AUTE A SABINA O NACER MEDIADO EL SIGLO XX

Recordad que luego, en el camino de vuelta de Navalvillar de Ibor a Guadalupe, el teniente de la Guardia Civil que mandaba la unidad se puso contemporizador. "Yo también tengo un hijo de vuestra edad y me gustaría que estudiara en Extremadura, pero, a ver, órdenes son órdenes".

Era septiembre. El día anterior, grupos de jóvenes extremeños habíamos intentado infiltrarnos entre los miles de devotos que acudieron a la Puebla con motivo de la festividad de la Virgen de Guadalupe para desplegar unas humildes pancartas pintadas de futuro. La concentración no pudo ser del todo. Los de la provincia del norte (entonces Extremadura todavía era dos, Cáceres y Badajoz) fueron cortados en las salidas, y de los de la provincia del sur apenas logramos llegar un puñado (la mayoría desde Badajoz y La Serena). Dieciocho en total, si es que la memoria no me falla.

La marcha Guadalupe–Madrid por la Universidad tenía que haberse desarrollado en diecinueve o veinte etapas. Solo pudimos cubrir las dos primeras, si tenemos en cuenta la concentración del día anterior, pero ese fue el pistoletazo de salida. Y no solo de la UEX. A primero de los setenta, la libertad estaba ahí y había que ensancharla. Vinieron tiempos de euforia, ríos de esperanza desbordada. Todo era posible en aquellos días, cuando los mal llamados liberales aún no sabían que lo eran.

Era septiembre, ya lo he dicho. No muchos años después, también era septiembre, los últimos fusilamientos del franquismo apuñalaban la conciencia del país. Recordad que Luis Eduardo Aute componía entonces una bella canción *Al Alba*, que muy pocos de los jóvenes actuales asocian con los fusilamientos que la inspiraron. La simple audición de aquellas estrofas encogía el alma de los españoles, no necesariamente antifranquistas. El régimen, con aquella última monstruosidad, agonizaba, pero lo hacía con la espada del odio profundo al disidente en alto, evidenciando hasta el último soplo de aire un contumaz culto a la muerte y el castigo.

Por aquellos días, otra canción, *L´estaca*, en este caso de Lluis Llach, se propagaba, a medias entre la furtividad y el abierto desafío, el sentir colectivo de un pueblo. El dictador y la dictadura eran aquel gigantesco palo ya medio podrido, clavado en medio de la heredad colectiva, que requería el esfuerzo de todos para derribarlo ("*Si estirem tots ella caura*").

Es fácil relacionar este canto a lo que fueron durante unos años los ritos consabidos del recital político: los auditorios gigantescos, el desafinado corear masivo de los fragmentos más significativos, las cerillas encendidas en el momento culminante, las manos alzadas y las primeras filas reservadas a los líderes políticos y sociales de lo que lentamente dejaba de ser la clandestinidad. A Lluis Llach se unían Raimon, Labordeta (cuyo *Canto a la libertad* fue el emblema de toda una época) y los extremeños Pablo Guerrero y Luis Pastor, muchas veces acompañados aquí, en nuestra tierra, como bien recuerda José Antonio Zambrano, por poetas como Manuel Pacheco y el mismo Zambrano. Eran los cantautores y poetas dotados de mayor conciencia histórica de su cometido. Su importancia como factor de movilización emocional y como ingrediente multiplicador de otras actividades (mítines y actos de afirmación política y social) fue trascendental hasta1978.

Recordad que al alivio biológico que supuso la desaparición de la dictadura siguió luego una fiebre de unidad solidaria que se expresó en la consigna "Amnistía, Libertad". El espléndido cuadro de Juan Genovés, "Encuentro" (1976), resumía aquel sentimiento colectivo.

Desde entonces ha pasado media vida y los cambios producidos en el país, por no hablar de los que se han producido en nuestros propios cuerpos y en nuestros atuendos, han sido extraordinarios.

La modernización de España, su transformación en un país democrático y europeo constituirá para siempre un hecho capital, determinante de la historia española del siglo XX.

Los viejos conflictos (el problema agrario, el atraso económico, el militarismo...) han sido sustituidos (además de por el terrorismo y los nacionalismos) por los de una sociedad desarrollada: medio ambiente, financiación del estado de bienestar, marginalidad social, tercera edad, drogas, inmigración clandestina... Y los Aute han sido sustituidos por los Sabina, lúcidos testigos de una sociedad urbana, algo más que adolescente, un poco cínica y muy baqueteada por la vida; una sociedad a la que ni el desencanto ni el temor al futuro, ni las periódicas crisis económicas y morales pueden menoscabar el valor de un tesoro definitivamente conquistado: la LIBERTAD...

(*Periódico Extremadura*, 16 de abril de 2000)

¿QUE CÓMO SE HACE UN ESCRITOR?

Nada más acabar mi intervención en el Taller Literario me preguntaste que cómo se hace un escritor y no sé si te satisfizo mi respuesta. "Supongo que es el mero acto de escribir, más que ninguna otra cosa, lo que hace al escritor", recuerdo que dije. "No hay fórmulas mágicas. Basta con querer serlo y empezar ya a escribir, sin desanimarse, con paciencia".

Ninguna actividad humana requiere más tiempo que la de escribir. Se tarda horas en crear unas cuantas páginas en borrador y muchísimas más en revisarlas (el escritor encuentra lo que quiere decir en el continuo proceso de ver lo que ha dicho).

Como John Gardner pienso que solo hay una forma de escribir, por ejemplo, una novela larga, seria: se trabaja, se deja un tiempo en un estante, se trabaja, se vuelve a dejar en un cajón, se trabaja un poco más, mes tras mes, año tras año, hasta que un día se lee la obra entera y, por lo que uno ve, no se descubren errores (al minuto de su publicación, leyendo, el libro impreso, se verán a mares).

Dacia José Luis Sampedro que ser escritor es como ser albañil, un albañil de sueños. Alguien dijo también que a escribir se aprende leyendo, de lo que se deduce que antes que escritor siempre se es lector. No conozco a ningún auténtico escritor que no haya sido y siga siendo un gran lector.

Hay libros para cada una de las edades del hombre. Hay una edad en la que se conciben los hechos más fantásticos como si fueran reales y parece natural que un árbol hable o que un país sea gobernado por una rana después de convertirse en príncipe. Otra en la que te sumerges en las páginas de un libro, digamos una novela, con un ardor militante que te embriaga y te hace caer agotado en la arena al emerger de sus aguas, tras romper en la playa la última ola.

Esa fascinante edad, que no tiene un tiempo concreto, sigue yendo y viniendo a lo largo de la vida cada vez que llueve en tus manos una de esas buenas novelas escritas según las viejas razones por las que los escritores escriben, aquellas que dan testimonio de las inquietudes y aspiraciones del hombre en su intento de encontrar sus propias señas de identidad y las de su entorno. Tras cada nuevo milagro sientes un extraño vértigo de horizontes marinos, que al pronto te impide reconocer que has regresado a la realidad de las cosas..

Algunos de los personajes de ficción que un día te abordaron aún cabalgan entre las claras paredes de tu casa. Es el caso de aquel loco entrañable de la Mancha, cuyo padre recordamos en el día de hoy. Cervantes no se pierde detalle de cuanto lees y escribes, extrañándose de que tu vieja pluma pueda conciliar su tinta con las señales luminosas de un Macintosh.

Ciertamente, una novela es ficción, pero al cabo del tiempo tienen más realidad Don Quijote o Sancho Panza que ninguno de sus contemporáneos del siglo XVII; tiene más realidad el coronel Aureliano Buendía que toda la Colombia del siglo XX, porque además siguen sucediendo una y otra vez como si fuera un rito, cada vez que un nuevo lector llega a ellos.

Una novela es un mundo autónomo que puede alimentarse de la más tajante realidad o de la más pura de las fantasías. Una novela no solo cuenta, sino que nos permite asistir a una historia, a unos acontecimientos, a unos pensamientos, y al asistir comprendemos lo que fuimos y conocemos lo posible, lo que pudo ser y no fue, porque nuestra existencia no es solo lo que nos ha ocurrido. Nuestra vida está compuesta también de deseos incumplidos y pérdidas, de lo que una vez dejamos de lado o no alcanzamos, de las múltiples posibilidades que en su mayor parte no llegaron a realizarse.

Antes de acabar la sesión del Taller, volviste a intervenir: "Entonces, ¿quién es un verdadero escritor?" "El que no renuncia", me oísteis decir.

"Escribir no es tanto una profesión como un yoga, un camino, una alternativa a la vida ordinaria. Las recompensas que procura son de un cariz casi religioso; no da más satisfacción, generalmente, que la espiritual". Nada más y nada menos…

(*Periódico Extremadura*, 23 de abril de 2000)

2.- DORMIR BAJO LOS PUENTES

EL DERECHO A DORMIR BAJO LOS PUENTES.

Frente a las desigualdades sociales y la inseguridad laboral, una vez más los sindicatos reclaman cosas tan razonables y justas como la necesidad de crear empleo suficiente y de calidad.

Frente a la profundización de una sociedad dual e injusta, las principales demandas sociales se refieren, además del derecho al trabajo, a la mejora de los niveles de protección social, un reparto más justo de la renta y de las riquezas y una mayor capacidad de participación de los trabajadores en la vida económica y social. En definitiva, una sociedad más justa y solidaria.

Esto, justicia y solidaridad, es lo que siempre han reivindicado los sindicatos el Día de los Trabajadores, también en Extremadura, donde se celebra el 1º de Mayo desde principios del siglo XX (Badajoz, 1901, Montijo, 1902; Cáceres, 1905). Desde entonces, con dolorosas excepciones, el movimiento sindical ha sido el viento del pueblo, que nace en los tajos, en los centros de trabajo y crece y empuja, poderoso para ganar el futuro. Es un viento que viene de abajo y surge natural y recio, como un árbol al que las podas hacen tirar más alto. En Extremadura este árbol, que nunca se secó del todo, rebrotó y reverdeció a finales de los años sesenta y principios de los setenta, hasta convertirse en el eficaz instrumento al servicio de los trabajadores que es hoy, a las puertas del siglo XXI. Cuando estos trabajadores recorran mañana las calles de España, gritando verdades como puños, será como un aire fresco para la adormecida conciencia de una sociedad a la que, gradualmente, casi sin percatarse, le han ido sustituyendo el discurso de la razón y la vida por el discurso del beneficio y la individualidad.

Mañana, aunque solo sea por un día, esta sociedad conocerá que la inmensa mayoría, la que va por la vida sin privilegios, la que sigue ganándose las habichuelas con esfuerzo y fatiga, no vive en la misma España que los Villalonga y los Piqué. Y es que por más que la ley reconozca la igualdad, la libertad jurídica de los ciudadanos y el derecho de todos a expresar libremente sus ideas, la desigualdad económica reduce no solamente la igualdad, también la libertad a un estatuto puramente formal (recordad la célebre humorada de Anatole France: "La ley reconoce por igual a millonarios y mendigos el derecho a dormir bajo los puentes".

Mañana, también aquí en Extremadura (Mérida, a partir de las doce) se oirá el discurso de la razón y de la vida frente a la soflama neoliberal de quienes quieren hacer creer que los intereses del capital son los intereses universales.

Desde Reagan y M. Thatcher, el discurso de la libertad irrestricta del mercado se ha convertido en un dogma. Quieren que se acepte, como un acto de fe, que, abandonadas a la mano divina del mercado, las fuerzas económicas, concentradas en la cúspide, poco a poco irán goteando sus beneficios hacia las mayorías. Es obvio todo lo contrario.

Esta nueva–vieja ortodoxia del pensamiento económico que considera al estado y sus intervenciones como un obstáculo para el desarrollo de las poblaciones, ha sustituido al pensamiento keynesiano, convirtiéndose en dominante en los centros políticos y económicos internacionales, a través de los centros académicos y, sobre todo, de su amplia difusión en los medios de información. Sin embargo, la concentración en la cima y la ausencia de Estado por la que aboga este dogma se convierte en brutal presencia del Estado apenas se trata de aumentar los gastos militares o salvar a bancos defraudadores o quebrados.

Al cabo, el neo conservadurismo, que consagra la filosofía del darwinismo social, expresada por Reagan ("El que es pobre lo es porque es un holgazán"), aumenta las distancias entre pobres y ricos y desprotege a los más débiles. Esta es la otra cara de la moneda, la única cara que conoce la inmensa mayoría, que va por la vida sin privilegios. Y es que, no me cansaré de repetirlo, una cosa es la creación de riqueza y otra bien distinta el cómo se distribuye. El puro simple aumento de la producción, sin un más justo reparto, introduce engañosamente una apariencia de progreso que se plasma en las cifras macroeconómicas, pero que afecta a un muy reducido número de ciudadanos…

(*Periódico Extremadura*, 1 de mayo de 2000)

LA SERENA: UVES GIGANTES EN EL CIELO

La Serena es un resumen de Extremadura. Por eso, lo primero que llama la atención del viajero que a salto de pueblos agota aquí este fin de semana de mayo, es la variedad de lo que ofrece. En un espacio relativamente pequeño se pasa de los llanos de Villanueva, Campanario y La Coronada a las dehesas de Quintana y Benquerencia; de la sierras de Monterrubio, Castuera y Helechal a las estepas más extensas de la Península; del bosque y matorral mediterráneos a un archipiélago de embalses: toda una serie de biotopos, característicos de la España interior, que convierte a la que fue Real Dehesa en uno de los muestrarios más interesantes de cuantos jalonan nuestro país.

Durante el recorrido, al viajero no se le escapa el variopinto paisaje animado que hace bullir de vida los montes y campos, ni su impresionante panorama histórico–artístico: dólmenes, poblados protohistóricos, termas y construcciones romanas, recuerdos visigodos, castillos musulmanes, casas blasonadas, iglesias, ermitas, arquitectura popular… En definitiva, se trata de un conjunto armónico que marca la personalidad de sus pueblos y sus gentes, hombres y mujeres sobrios, afables, laboriosos, apegados a sus raíces, pero con los ojos colgados del horizonte, por si fuera necesario salir de nuevo a su encuentro.

La Serena tiene una fuerte tradición ganadera que se resume en conceptos como mesta o trashumancia, así como un importante componente agrícola. Pero el futuro habla aquí nuevos idiomas, por cuanto sus gentes se afanan en el desarrollo de sectores complementarios (turismo interior, servicios, industria).

De la Academia de Zalamea (al estilo italiano de aquel tiempo) salieron los más importantes catedráticos de la futura y cisneriana Universidad de Alcalá de Henares. Aquí redactó Nebrija, el más conocido de todos ellos, la primera Gramática de la lengua castellana, aparecida el mismo año del descubrimiento de América. En Castuera, (ejemplo del despegue que experimenta la comarca y cabecera de una de las concentraciones más importantes de espacios naturales de la región), impresiona la placita en la que se levanta la casa de Pedro de Valdivia. En este lugar, cuando el silencio es largo y sonoro, el viajero puede conversar con los hombres que partieron con él para América, donde fundó Santiago del Nuevo Extremo y Valdivia, siendo nombrado gobernador de la Nueva Extremadura.

Uno de lo lugares más interesantes de la comarca

es la Sierra de Tiros, que separa la zona de dehesas de la de pastizales en la línea Castuera / Cabeza del Buey, con tramos tan interesantes como el situado al norte de Helechal, cuyas calles se hunden como cuchillos en los riscos de la sierra desde que los musulmanes decidieron asentarse en sus laderas. Al anochecer se puede oír el silencio armónico de la naturaleza deslizándose como un pájaro bajo el techo de estrellas. En los abrigos de La Morisca y El Montón se encuentra una de las mayores concentraciones de pinturas rupestres esquemáticas del país. Lástima que el viajero no pueda disfrutar de ellas en su totalidad, debido al más que dudoso proyecto cinegético, impuesto desde fuera, malsanas alambradas cortan caminos, arroyos, espacios naturales, ahuyentan la fauna y favorecen la erosión, constituyendo un ataque sin precedentes contra el medio ambiente en el corazón de La Serena.

Estas tierras, aunque amenazadas, bien podrían representar a ese biotopo , tan abundante en la Baja Extremadura, asociado al bosque mediterráneo, dando lugar a un conjunto de singular belleza, que ha pervivido durante siglos gracias al respeto por el medio ambiente que siempre mostraron los naturales del lugar.

A los pies de la sierra, ya en el término de Cabeza del Buey, se encuentra la ermita de Belén, centro espiritual de la comarca, hasta donde llegan un sábado de mayo, gentes de todos sus pueblos para estrechar lazos y proyectar el futuro (el viajero se funde con la riada humana, como uno más; en este oasis nadie es forastero y menos el Día de la Serena). Antiguo cuartel de la Orden de El Temple, del santuario se levanta en torno a un reducido patio cuadrado, claustro de doble galería sobre arquerías apuntadas y pilares octogonales. Mientras entra en el templo, el viajero se dice que ha de volver en invierno si no quiere perderse uno de los espectáculos que por aquí ofrece la naturaleza: cuando la tarde se hace vieja, cruzan por este punto, escribiendo uves gigantes en el cielo, centenares, miles de grullas, que regresan de las dehesas, en donde han pasado el día alimentándose. Van camino de sus dormideros en los humedales de los embalses, que ocupan buena parte del curso del Río Zújar, el principal afluente del Guadiana. Para contarlo, nosotros volveremos también.

(*Periódico Extremadura*, 14 de mayo de 2000)

LA SIBERIA EXTREMEÑA O EL DESCUBRIMIENTO

De las tierras extremeñas, una de las menos conocidas, tal vez, sea la recóndita Siberia Extremeña, también conocida como Los Montes. De ahí el acierto de la Diputación de Badajoz al comenzar sus Expocomarcas, precisamente con ella. Durante toda una semana se ha hablado en Badajoz del presente y futuro de La Siberia, también de su historia, constituyendo todo un descubrimiento para muchos.

La Siberia se parece mucho al Guadiana, un río tímido e indeciso que, de chaval, por no saber muy bien dónde meterse, se oculta en las entrañas de la tierra.

El Guadiana llega a Extremadura como un furtivo, escondiéndose por los montes de Toledo, uno de los itinerarios fluviales con mayor encanto de la Península Ibérica, enfilando por aquí hacia el Portillo de Cijara, donde cambia decididamente de rumbo, buscando, a salto de embalses, las tierras claras de la provincia de Badajoz.

Garlitos, El Risco y Sancti-Spíritus forman una línea paralela al rio Zújar por su margen derecho, en donde La Siberia y La Serena se confunden bajo los rayos del sol, que iluminan los rojos tejados de los tres pequeños pueblos, que vistos desde la Sierra de la Fuente del Corcho continuan conservando la imagen que tuvieron siempre.

Saltando el gigantesco embalse de La Serena, sale al paso Esparragosa de Lares, donde se oye la voz profunda de Pablo Guerrero ("Tiene que llover a cántaros"). Observando desde lo alto la inmensidad de los pantanos, nadie diría que hubo un tiempo en que estas tierras tuvieran sed.

Dicen que en las madrugadas heladas, el espíritu del maestre Gutierre de Sotomayor vaga a los pies de la solitaria torre de la fortaleza que corona la sierra por el lado de Puebla de Alcocer, que a ciertas horas de la noche ilumina el bosquecillo de casas encaladas que cuelgan en la pendiente de olivos. Dicen que es entonces cuando el silencio se hace espeso, extendiendo sus brazos sobre las inclinadas callejas y las torres altivas de Santiago y San Francisco, dibujadas sobre los pardos tejados, confusas, inciertas, como si flotaran en el aire negro de la madrugada.

Al fondo, en la llanura perezosa, despierta Talarrubias, cuya iglesia de Santa Catalina constituye un excelente mosaico de estilos. Al este aguarda Siruela, inmersa en un área de claros encinares. No lejos nos cubre una especie de mala conciencia por el paso ligero sobre Baterno, Tamurejo, Garbayuela y tantos otros rincones mágicos. Dirección a Fuenlabrada, la Manchuela de los árabes, penetramos en un territorio cargado de encanto, misterio y originalidad, que seduce y estimula la imaginación del viajero.

Villarta de los Montes está situada en un pequeño collado entre sierras que dificultan el tráfico por carretera. La Reserva de Caza de Cijara (25.000 hectáreas) engloba parte de los términos municipales de Helechosa, Herrera y la propia Villarta. Presenta monocultivo forestal y grandes masas de agua, ya que, está atravesada por el embalse del mismo nombre. A ratos, las copas de los árboles se unen, dando lugar a gigantescos paraguas verdes, que no dejan pasar la luz.

A salto de pueblos, sobre un cerro que se eleva entre el Guadiana y el Guadalupejo, aparece Castilblanco, que perteneció a las reales dehesas de los Guadalupes. Reponemos fuerzas con sus extraordinarios quesos de cabra y mojamos la garganta con una bebida que llaman "Gloria" (mosto de uva y aguardiente). A tiro de piedra, Valdecaballeros, antigua aldea de Talavera, cuya iglesia de San Miguel es un bello ejemplo del mudéjar extremeño. Ahora, el camino nos conduce a Herrera del Duque, donde todo parece eterno, imperecedero, el enorme cielo sin una sola nube, el vasto mar verde de humildes chaparros y altivas encinas, y de nuevo el Guadiana, inmutable, definitivamente extremeño.

La luz estalla en la blusa de los árboles, violenta, tensa, recubriendo, convulsiva la distancia hasta Casas de Don Pedro, disolviendo como humo de nubes las sombras verdes. El sol parece detenido sobre los cerros de oro. Reflejos de plata se hunden en las aguas de los embalses de García de Sola y Orellana, recordándonos que La Siberia debe de abordarse con renuncia expresa a las prisas…

(Periódico Extremadura, 28 de mayo de 2000)

EUROPA, LA OTAN Y LAS ZONAS DESNUCLEARIZADAS

En ambientes políticos y sociales europeos se debaten proyectos de desnuclearizar importantes regiones del continente: Norte, Balcanes, Mediterráneo y Centro como medio de fortalecer la paz en Europa. Pero, ¿es posible, hoy por hoy, establecer zonas donde no se fabriquen ni emplacen armas nucleares? Existe un precedente: México y otros países iberoamericanos encontraron la manera de formar una zona desnuclearizada. Para ello firmaron el Tratado de Tlatelolco, único acuerdo internacional de este tipo por el momento. Si la idea ha tenido éxito en Latinoamérica, ¿por qué no podría llevarse a efecto en otros lugares del mundo, entre ellos Europa? Cuando el sano juicio y la razón han triunfado en un lugar del mundo, bien puede salir airoso en otro. Se necesitan, claro está, determinadas condiciones y buena voluntad.

¿Falta esta voluntad al gobierno de nuestra nación? Por el momento parece sordo a la llamada de una gran mayoría del pueblo español y muy a pesar del tristemente célebre "decálogo" de policía exterior con el que los propagandistas de la Moncloa intentan enmascarar la pregunta del referéndum OTAN. El gobierno González cierra los ojos ante los múltiples acuerdos de corporaciones locales españolas –entre otras la de Badajoz– que han declarado ya sus términos municipales como zonas desnuclearizadas. Es patente la contradicción entre los cargos públicos socialistas en las administraciones locales y los cargos socialistas en el Gobierno del país.

Los ayuntamientos han respaldado ya en gran medida proyectos de formación de zonas desnuclearizadas como medio para evitar la proliferación de armas nucleares, frenar la carrera de armamentos y alejar la amenaza de aniquilamiento de la humanidad en la guerra atómica.

Pero, ¿cómo podría ser una zona desnuclearizada? El debate está abierto actualmente en Europa. A mi entender habría de basarse en un estatuto jurídico internacional de dicha zona y el compromiso de sus partícipes que se obligaran a no producir, no adquirir y no albergar en su territorio armas nucleares, en tanto que las potencias nucleares se comprometerían a respetar el estatuto desnuclareizado y abstenerse de la amenaza y empleo de armas nucleares contra los países incluidos en la zona.

Cuanto mayor sea el número de países que no admitan en su suelo armas ajenas de exterminio en masa, cuantas más sean las zonas desnuclearizadas con estatuto formal, más seguridad habrá contra el peligro de guerra nuclear.

Ya en 1957 hubo propuestas concretas para declarar centro Europa "zona libre de armas nucleares". La reacción de Washington fue negativa. Declaró que no renunciaba a utilizar armas nucleares en Europa Central. Desde entonces, EE.UU. no ha cesado de incrementar su presencia militar en Centro Europa hasta convertirla en teatro de operaciones y escenario de guerra nuclear "limitada".

Más recientemente, el Gobierno de Suecia se ha pronunciado a favor de la idea de desnuclearización en Centro Europa y Norte del continente. Mas el Pentágono y la OTAN siguen rechazando iniciativas como esta, pues no quieren desprenderse de ningún armamento nuclear.

Una España neutral ayudaría a la paz en Europa. Porque, si estamos por la paz, no se trata de tomar medidas encaminadas a reforzar la política de bloques militares, decisión del parlamento español en tiempos de Calvo Sotelo, tomada por el desdichado procedimiento de la mayoría simple. La única solución a la dinámica infernal de los bloques no es reforzarlos, sino poner todos los medios para alcanzar la disolución simultánea de los mismos.

Pero es que, además, la OTAN no sirve a los intereses de España, porque no responde a ninguna de las prioridades militares de nuestra defensa. El ex secretario general de la OTAN dijo claramente: "La

OTAN no defenderá Ceuta y Melilla. Y si la OTAN no nos va a defender en nuestros conflictos locales, sí nos puede arrastrar a otras crisis bélicas, lejos de nuestro territorio, lejos de nuestros legítimos intereses nacionales. ¿A quién beneficia, pues, nuestra permanencia en la Alianza?

Por otra parte, en caso de guerra nuclear sería indiferente el esquema militar elegido por nuestro país (OTAN, alianzas bilaterales, neutralidad). España sería barrida del mapa como el resto de la humanidad. Hablar del paraguas nuclear de la OTAN es una broma de mal gusto.

La solución final ha de pasar, sin lugar a dudas, por la limitación –primero– y eliminación total –después– de las armas nucleares. Por eso, cualquier punto de vista sobre la distensión militar en Europa ha de contemplar la creación de zonas libres del arma más destructiva como una de las vías hacia la Europa . Mañana será difícil, tal vez imposible.

(*HOY, Periódico Extremadura*, 3 de febrero de 1986)

ALMARAZ Y EL CAMBIO DE CABALLO

"¿Puede algún grado de prosperidad justificar la acumulación de sustancias altamente tóxicas?", pregunté una tarde a un destacado miembro de una de las asociaciones de defensa de la naturaleza que pululan por la región. "Ninguno" respondió, tajante. "Nadie conoce cómo hacer seguros los desechos radiactivos".

Hoy, algunos de los que portaban pancartas en manifestaciones antinucleares a finales de los setenta y principios de los ochenta, reconvertidos en defensores a ultranza de la energía nuclear, se desgañitan exigiendo prorrogar la vida útil de Almaraz, siempre con el pretexto del alto número de empleos que se destruirían de no dar el visto bueno al mantenimiento de la actividad.

Recientemente, los propietarios de la central nuclear de Almaraz (Iberdrola, Endesa, y Naturgy) han decidido, de la mano de Enresa (Empresa Nacional de Residuos Radioactivos) la clausura de la Unidad I de la nuclear extremeña en 2027, y la II en 2028. La Plataforma "Sí a Almaraz. Sí al futuro" nace para encabezar cuantas manifestaciones reclamen prorrogar la actividad de la central. Resulta sorprendente, cuanto no sumamente doloroso, constatar con qué alegría pretende la Junta de Extremadura allanar el camino de la central nuclear de Almaraz, anunciando que está dispuesta a bajar impuestos a las eléctricas si estas deciden prorrogar su actividad.

El problema no puede ser, aunque también, perdonar ochenta o cien millones de euros en impuestos a compañías que obtienen beneficios multimillonarios cada año. ¿Recortamos en educación, sanidad o dependencia, empobreciendo a los que menos tienen para enriquecer a manos llenas a algunas de las empresas que mayores beneficios obtienen año tras año?

No se debe pasar por alto que, frente a los que aplauden la prórroga de la actividad de la central, otros no hemos cambiado de caballo a mitad de carrera. Es más, seguimos pensando que mientras el hombre siga creando elementos radioactivos, no habrá nada que se pueda hacer para reducir su radioactividad, aparte de tratar de aislar la sustancia radioactiva en algún lugar seguro. Mas, ¿qué es un lugar seguro ante la amenaza de los desechos radioactivos creados por las centrales nucleares?

Los dueños de las centrales, aplaudidos por muchos otrora antinucleares, se hacen querer argumentando que Almaraz supone una importante fuente de empleo, lo que, siendo cierto, huele a una forma descarada de chantaje al pueblo extremeño que, sin dudarlo, en buena parte entra al trapo del "maná", valorando solo los pros del empleo creado e ignorando que entre los múltiples cambios introducidos por el hombre en la naturaleza, la fusión nuclear en gran escala es sin duda el más peligroso y profundo.

Pronto, a medida que se vayan acercando las fechas anunciadas para la clausura de las dos unidades de Almaraz, se argumentará que, a estas alturas del siglo XXI, el hombre no puede vivir sin ciencia ni tecnología, y se recurrirá al prestigio de ciertos científicos que certificarán la seguridad de las centrales. Pero tan cierto como que no es posible vivir sin ciencia ni tecnología lo es que el hombre no puede vivir contra la naturaleza. Es más, como Einstein dejó dicho, "casi todos ellos (casi todos los científicos) son desde un punto de vista económico, completamente dependientes" y de ellos quienes poseen un sentido de "responsabilidad social es tan pequeño" que no pueden determinar la dirección de las investigaciones en las que intervienen, que deberían apuntar hacia una colaboración armoniosa con la naturaleza antes que a una guerra contra la naturaleza, a soluciones silenciosas de baja energía y económicamente aplicadas normalmente por la propia naturaleza, antes que a las soluciones ruidosas de alta energía, brutales, llenas de desperdicios de la ciencia de hoy…

Solo cuando la opinión pública, preocupada por la conservación, influya decisivamente en la política de los gobiernos, se librarán estos de la esclavitud del economicismo.

Mientras tanto, ningún lugar de la Tierra puede considerarse seguro. Donde quiera que haya vida, las sustancias radioactivas serán absorbidas en el ciclo biológico. Además, los residuos más voluminosos son, por supuesto, los reactores nucleares mismos, una vez que hayan dejado de ser útiles. Si no pueden ser desmantelados y trasladados, sino dejados donde están, constituirán durante siglos una activa amenaza para la vida, perdiendo silenciosamente su radioactividad en el aire, el agua y el suelo. Ahí estarán por los siglos de los siglos esos molinos satánicos como horribles monumentos a la estupidez del hombre de los siglos XX y XXI para el que el futuro de nuestros nietos no cuenta nada comparado con el beneficio económico del presente. Entre tanto, puede seguir recalentándose el planeta, pueden seguir afectando a continentes enteros los fallos de las centrales nucleares y seguiremos cerrando los ojos, ignorando que un medio ambiente que se ha desarrollado durante millones de años debe de tener algún mérito.

Quienes no cambiamos de caballo a mitad de

carrera seguiremos alzando nuestra voz, esperando que un ataque de cordura aclare las ideas de quienes un día salieron a la calle con pancartas de la vida en alto…

(*Periódico Extremadura,* 14 de octubre de 2025 / *La Crónica de Badajoz*, 16 de octubre de 2025)

EN EXTREMADURA SE CREA RIQUEZA, PERO, ¿CÓMO SE DISTRIBUYE?

Extremadura crece en niveles de renta y PIB por encima de la media nacional, porcentualmente. Repetidamente ha saltado a las páginas de los periódicos regionales y a las emisoras tan esperanzadora noticia. El balance de 1987 ha sido presentado por las autoridades económicas de nuestro país con gran triunfalismo, el mismo del que han hecho gala representantes de nuestro gobierno regional al analizar la situación en algún acto público.

Es cierto que las cifras dibujan un cuadro económico coyuntural con bastante luz, sin embargo, el reverso de la moneda presenta más de ciento treinta mil parados en la región, los más bajos niveles de protección al desempleo no agrario de los últimos años —apenas un 27%—, una mayor precarización del empleo con el 98% de todos los nuevos contratos como eventuales y solo un 2% de indefinidos. En suma, estos nubarrones atentan casi por completo las luces, porque una cosa es la creación de riqueza y otra bien distinta cómo se distribuye. Desde mi punto de vista, "un pollo para dos, si se lo come uno, sigue siendo un pollo para uno", como diría I. de la Fuente. Es decir, el puro simple incremento de la producción, sin modificar qué y cómo se produce, con disminución del empleo, sin un más justo reparto de la riqueza, introduce engañosamente una apariencia de progreso que se plasma en las cifras macroeconómicas, pero que afecta positivamente a un muy reducido numero de extremeños.

Efectivamente se crea riqueza en Extremadura, pero su distribución no es beneficiosa para la mayoría de la población. Esta se ha caracterizado en los últimos años por un notable aumento de los excedentes empresariales en ningún caso proporcional al aumento de la remuneración de los asalariados y sí inversamente proporcional al aumento del desempleo en la región.

Cabe preguntarse, pues, qué tipo de estructura social se está generando en Extremadura. Si a pesar de la evolución positiva de los diferentes sectores económicos, del aumento de la riqueza regional y del consumo, la distribución de la renta entre la población se hace mas injusta, aumentan los desequilibrios entre las distintas clases y grupos sociales, o se genera una creciente segmentación y desigualdad de las condiciones de trabajo, difícilmente se podrá considerar el crecimiento económico como positivo.

Existe una gran incoherencia en aquellos que afirman que el paro es el problema fundamental de la sociedad extremeña y sin embargo practican el viejo dilema liberal–conservador, recientemente descubierto por ciertos cargos públicos, de la eficacia económica al margen de la equidad social, "que ya vendrá después". Los sindicatos hemos denunciado reiteradamente ese error, que conduce inevitablemente a la perturbación de la convivencia social, la incertidumbre económica y, más pronto que después, al fracaso.

Si el paro es el problema fundamental de la región, y realmente se quieren dictar medidas que lo atajen, lo primero es conocer la realidad, sin manipulaciones estadísticas que rebajan, pero solo en el papel, las cifra de 137.000 parados con que finalizó 1987 en más de 44.000, es decir en un 11% sobre la población activa, con la simple eliminación en la columna de paro registrado de todos aquellos jornaleros desempleados acogidos al subsidio de desempleo agrario (…)

Nuestra región no puede soportar una tasa de paro del 35 %, es decir, 14 puntos por encima de la media española, que ya es la primera entre todos los países de la CEE. ¿Debemos resignarnos ante esta maldición? ¿Cómo avanzar hacia una sociedad mas solidaria, cooperativa, igualitaria, de libertades y bienestar social? ¿Cómo cambiar esa injusta distribución de la plusvalía? ¿Cómo acabar con el empobrecimiento de los trabajadores?

En Extremadura, a la pobreza severa y persistente

que la ha caracterizado durante décadas se suman ahora, paradójicamente cuando los índices macro-económicos son mas positivos, nuevas formas de pobreza y precariedad, constituidas por los trabajadores en paro de larga duración y sus familias.

¿Realmente vamos por buen camino? A mi parecer, se ha renunciado desde el poder a desarrollar cambios en profundidad; se mantienen inalteradas y reforzadas posiciones de privilegio y se hace caer sobre los trabajadores los mayores costes y sacrificios. Cada vez son más los trabajadores activos y en paro que no pueden seguir apretándose el cinturón porque se han visto en la necesidad de comérselo.

En nuestra región cada día hay más partidarios de la creación de un Consejo Económico y Social como organismo donde los distintos interlocutores sociales (sindicatos, asociaciones empresariales y campesinas, cooperativas, SALES, etc) puedan participar en la planificación económica. De la actual política pasiva de empleo hay que pasar a una política activa que fomente las vías más directas de generación de empleo, acorde con auténticos planes de industrialización y con la aplicación de una verdadera reforma agraria. De no tomar medidas urgentes, los desequilibrios y desigualdades mantendrán los actuales ritmos de crecimiento.

(*El Periódico Extremadura*, 19 de abril de 1988)

3.- ¿QUÉ GUERRA?

FRENTE AL OLVIDO,
AHONDAR EN LA HISTORIA

El día 1 de agosto apareció en *Tribuna Extremeña* un articulo de Alberto González ("Mis muertos, sí, pero los tuyos, no"), que a mi juicio está cargado de errores, por decirlo de una forma suave. Arremete el Sr. González –también– contra la Asociación para la Recuperación de la Memoria Histórica de Extremadura (ARMHE), a la que intenta desacreditar, entre otras lindezas, por haber sido "promovida y pagada desde las instituciones públicas" (sabe que no es cierto) y "por abrir viejas heridas" políticas ya cicatrizadas (acusar al que sangra por querer aliviar su dolor es una aberración).

La ARMH amparada por la Constitución Española y por la Declaración de la Asamblea General de las Naciones Unidas sobre la protección de todas las personas contra las desapariciones forzadas se constituyó por iniciativa de familiares de desaparecidos durante la guerra civil y la posguerra. El objetivo principal de la misma es acabar de una vez por todas con la angustia sin medida de ignorar el paradero de sus seres queridos, a los que no solo se les arrebató la vida, sino que se les intentó borrar de la historia (esa es la herida y solo cicatrizará cuando se rompan las compuertas que aprisionan el río de la memoria).

Sr. González, ¿es mucho pedir que el hijo o el nieto de un desaparecido quiera saber dónde se encuentran los restos de su padre o de su abuelo? ¿Es mucho pedir que se le permita darle digna sepultura o simplemente adecentar la fosa común donde se halla su cuerpo? ¿Acaso, 67 años después, 26 años ya de democracia, la sociedad española no está preparada aún para conocer la verdad? Usted sabe que sí. Y todos sabemos que el olvido representa el paradigma de lo injusto, que dificulta el ejercicio de una democracia completa y la asunción de una auténtica reconciliación. Sobre el olvido no puede construirse una sociedad justa, libre, fraternal. Frente al olvido es necesario ahondar en la historia, sin resentimientos ni rencores, sin revanchismo, sin avivar tensiones ni odios. Y sin escandalizarse, Sr. González.

Usted se escandaliza porque se quieren inhumar "los muertos de un solo color". Ya está bien de demagogia, de tergiversar la historia. Usted sabe que durante la larga noche del franquismo, para unos hubo honores, funerales, monumentos, un lugar adonde los familiares pudieran ir a depositar unas flores, encontrando en esa cercanía el bálsamo para consolar las ausencias, mientras que para otros solo hubo desprecio y olvido, y la angustia sin medida de ignorar el paradero de sus familiares asesinados.

Esta ha sido la tónica generalizada, Sr. González. No se puede pedir más generosidad ni a las víctimas ni al conjunto de la sociedad española. No se puede pedir, ademas, que se olvide, que los familiares de los desaparecidos –la sociedad en su conjunto– los borren de la memoria, como si en realidad nunca hubieran existido. Olvidar sería una segunda condena a muerte.

Es cierto que unos mismos hechos pueden producir diferentes emociones, distintas interpretaciones. Pero lo que no se puede hacer es confundir la historia y la propaganda; la propaganda, sí, la propaganda de un régimen, el franquista, que hizo creer a muchos españoles, por ejemplo, que el 14 de agosto en Badajoz fue solo un invento republicano, o que las iglesias de Llerena y Almendralejo no fueron bombardeadas y quemadas por las columnas rebeldes, sino por los leales al Gobierno de España. Sé que es difícil desmontar completamente las falsedades que se fraguaron durante los cuarenta años de oscurantismo, máxime cuando hay que añadir un problema de fondo: el miedo a la historia, el miedo a la verdad, miedo sobre todo, como ya dijo Reig Tapia, de aquellos que, sometidos al adoctrinamiento y el proselitismo de la larga dictadura, bien se encuentran incapacitados para remediar el descerebramiento a que los sometió un discurso maniqueo y triunfalista, o bien, en un acto de coherencia política, y autosatisfecha incapacidad de evolucionar, asumen gozosamente el papel de los dinosaurios en la historia.

Hoy, ninguno de los cambios políticos fundamentales que introdujo la dictadura subsiste. Desde 1977 el poder político emana del pueblo español, expresado por el sufragio universal, y los derechos humanos están reconocidos en la Carta Magna. Ciertamente, el régimen no es una república, sino una monarquía, pero constitucional, parlamentaria y democrática. En resumen, los principios de convivencia de entonces vuelven a estar vigentes. Sin embargo, la democracia española seguirá estando herida mientras no recupere el nombre y devuelva la dignidad que les corresponde a cuantos murieron por ella. Solo entonces podrá hablarse en España de reconciliación, auténtica y fraternal reconciliación.

En Extremadura son muchos los cuerpos no identificados que permanecen en fosas comunes. Algunas no sabemos siquiera dónde se encuentran, al pie de qué cuneta, en qué descampado, al lado de qué tapia de cementerio. En cualquier caso, como poco, es necesario localizarlas y dignificarlas, lo que ayudará a recuperar la memoria de cuantos en ellas permanecen, porque, no es del olvido, Sr. Gonzalez, ni del recuerdo pasional, sino del conocimiento histórico de donde los pueblos adquieren la experiencia necesaria para impedir la repetición de las tragedias…

(*HOY,* 5 de agosto de 2003)

EL DEBER DE RECORDAR

Corría el mes de julio de 2005 cuando el diputado Tomás Martin Tamayo defendía en el parlamento extremeño una proposición no de ley del PP en torno al revisionismo histórico de nuestro pasado reciente. Días después, el diputado Carlos Floriano, su jefe de filas, resumía como propia la intervención de aquel en *Tribuna Extremeña* de este periódico. A ambos les respondió Francisco Fuentes, presidente del grupo socialista en la Asamblea de Extremadura (al primero en el Parlamento, al segundo en estas mismas páginas).

Y en eso llegó alguien para enseñar "al que no sabe" y, de paso, tratar de vender su mercancía ideológica, que no histórica, dejando caer las mimas perlas de siempre, las mismas que durante los cuarenta años de la dictadura franquista se repitieron sin cesar, machaconamente.

Puestos a enseñar, el señor Moa podría explicarle a sus concomitantes extremeños lo que es el revisionismo histórico (tal vez así dejen de hacer el ridículo cada vez que hablan de la memoria histórica). Puede hacerlo porque él representa ese revisionismo que se consolida en nuestro país, coincidiendo, qué casualidad, con la mayoría absoluta del señor Aznar.

A los revisionistas les importa un bledo la verdad (no tienen el mínimo deseo de saber). Pío Moa y otros salvapatrias no parten de preguntas, como hacen los verdaderos historiadores, sino de seguridades graníticas. Se les ha encargado la misión de mejorar la imagen de la derechona española y empeorar la de sus adversarios políticos y no tienen escrúpulos en acudir a la propaganda franquista, saquear la Causa General y ajustar la historia a los intereses políticos que defienden (flaco favor le hacen a la derecha democrática). Así, niegan una y otra vez las matanzas en la plaza de toros de Badajoz, especializándose en magnificar el dato intrascendente y en tomar la parte por el todo: si no hubo banda de música es que no hubo fusilamientos, y se quedan tan panchos.

Si tanto les interesa la "música", podrían investigar lo que sucedió el día 20 de agosto de aquel 1936 en el frontón situado en la Avenida de Huelva cuando un pelotón de falangistas asesinó en público, entre otros, a Sinforiano Madroñero, alcalde de Badajoz, y al diputado socialista Nicolás de Pablos, tras ser entregados a sus asesinos por las autoridades portuguesas. Como no dejaré de repetir, los sublevados del verano de 1936 disponían de ordenes estrictas para imponerse sin contemplaciones. Ante una población mayoritariamente hostil, las prácticas indiscriminadas del terror contribuirían a debilitar la resistencia que se esperaba. Como muestra pueden valer unas palabras del general Mola: "Hay que sembrar el terror, hay que dar la sensación de dominio, eliminando sin escrúpulos ni vacilación a todos los que no piensen como nosotros".

Este plan de exterminio sería condenado por las Naciones Unidas, declarando el carácter fascista del régimen impuesto por Franco, equiparándolo jurídicamente con el nazismo alemán, el fascismo italiano y el imperialismo japonés. Dicho lo cual, no se entiende cómo es posible que la derecha española se empeñe en seguir identificándose con un pasado tan aberrante y sombrío. ¿De verdad necesita la derecha española esa especie de rearme moral que encabezan Pío Moa, César Vidal, Martín Rubio o Jiménez Losantos, que en el fondo no significa otra cosa que el regreso a las cavernas del franquismo?

Lo que sin duda saca de quicio a la parte montaraz de la derecha a la que que Pío Moa quiere representar es la exhumación de las fosas del franquismo. Me entristece constatar que conocidos y dignos representantes de la derecha extremeña se hayan unido a esa campaña del todo vale, con tal de enmascarar el pasado, negando a los familiares de las víctimas del franquismo el derecho a saber la verdad. ¿Cómo es posible que piensen que la recuperación de la memoria histórica lo que hace es reabrir heridas? ¿No será justamente lo contrario, que las heridas siguen existiendo después de tantísimos años y que sacarlas a la luz puede hacer que cicatricen?

La Asamblea General de Naciones Unidas sostiene que las desapariciones forzadas afectan a lo más profundo de toda sociedad respetuosa de la primacía del derecho, de los derechos humanos y de las libertades fundamentales, y que su práctica sistemática, como en el caso de la dictadura franquista, representa un crimen de lesa humanidad. ¿Tan difícil es entender que el olvido es la negación de la experiencia, la ocultación de la verdad y que ninguna sociedad puede sobrevivir al desconocimiento de su propia historia, por horrible que esta sea? ¿Tan difícil es entender que justicia no es lo mismo que venganza, sino más bien lo contrario?

El deber de recordar nos corresponde a todos, también a los estados, que deben de protegerse contra esas tergiversaciones de la historia que son el revisionismo y el negacionismo. Ante tanta mentira impune, tal vez sea necesario volver la vista a los ejemplos francés y alemán. Ya me entienden…

(*HOY*, 8 de julio de 2005)

¿QUÉ GUERRA?

El escritor Pío Moa acaba de repetir en Extremadura toda una serie de rancios tópicos ultras en torno a la guerra civil española, con el agravante de querer hacerlos pasar por novedosos. Cualquiera medianamente informado reconoce los viejos argumentos que ahora propaga el periodista gallego. Son los mismos que, durante décadas, utilizó la machacona propaganda del régimen franquista para deformar la historia.

Según esas fuentes, de las que sin ningún reparo bebe Moa, los resultados de las elecciones del 16 de febrero habrían sido falsificados, la revuelta militar estaría justificada por la violencia que precedió al 18 de julio, los golpistas se alzaron solo unas horas antes de un levantamiento izquierdista, las masacres de Badajoz no fueron para tanto y, en fin, la guerra no habría empezado en el treinta y seis sino dos años antes. ¿Hay quien dé más?

Que a estas alturas haya quien sostenga que la guerra la originaron aquellos que precisamente se opusieron al inicio de la misma sobrepasa toda posibilidad de análisis lógico y no deja de ser una falacia justificadora de los nostálgicos de un régimen que surgió precisamente de aquella barbarie. Los rebeldes empezaron por situarse al margen de la ley. Los gubernamentales tuvieron que empezar por defenderse de una violentísima agresión. Por ello es imposible seguir sosteniendo la aberración jurídica en que se basaron los consejos de guerra, que fallaban condenas por el supuesto delito de adhesión a la rebelión militar precisamente contra aquellos que habían defendido la legalidad vigente. Una vez desencadenado el conflicto, no se puede ignorar la distinta actitud de las autoridades de cada uno de los bandos en que quedó dividida España. En uno de ellos se practicó el terror "a priori" y con el beneplácito de las autoridades. En el otro se respondió "a posteriori" y ante la impotencia de las autoridades. Para apreciar lo que digo basta con hacer un análisis comparativo de las declaraciones de los máximos responsables en cada uno de los bandos. Está claro que los sublevados disponían de órdenes estrictas para imponerse sin contemplaciones. Ante una población mayoritariamente hostil, la práctica indiscriminada del terror podía contribuir a debilitar la resistencia que se esperaba. A nadie escapa ya que las fuerzas al mando de Yagüe se distinguieron en la ocupación de la provincia de Badajoz por su implacable ferocidad. En su avance desde Sevilla no hicieron prisioneros . A los detenidos se les fusilaba sobre el mismo campo de batalla.

Pío Moa, para endulzar el impacto de la masacre de republicanos en Badajoz –ya ni él se atreve a negarla– utiliza los mismos artilugios y estratagemas que la propaganda franquista utilizó durante cuarenta años.

Las matanzas del verano de 1936 en Badajoz fueron dadas a conocer al mundo por los periodistas Jacques Berthet, de *Le Temps*; Marcel Dany, de la agencia "Havas" y Mario Neves, del *Diario de Lisboa*. La opinión pública internacional, alertada por la prensa, condena, sin paliativos, las atrocidades cometidas por los fascistas en la ciudad. Estos, entonces, cambian sus prácticas propagandísticas y en lugar de airear las masacres intentan ocultarlas. Desde aquel momento, los apologistas de Franco vociferan en todo el mundo que las matanzas de republicanos en Badajoz eran un mito. La fuente de la que beben todos ellos (ahora, también Pío Moa) es un panfleto titulado "La leyenda de Badajoz", del comandante McNell-Moss, quien considera que desacreditando a los periodistas que dieron la noticia podría refutar o al menos suavizar la historia de la matanza.

El principal método de McNeill-Moss para invalidar la crónica de los dos franceses consiste en citar el reportaje del corresponsal portugués que los acompañaba. Así, escribe que Neves cuenta "una historia bien diferente" y reproduce, traduciéndolos, solo fragmentos del artículo que el portugués fechó en

Caya el 15 de agosto. Moss no tiene escrúpulos en censurar esta primera crónica de Neves y en ignorar completamente las que envió a su periódico al día siguiente, en las que describe tales escenas de desolación y horror que confesó no olvidaría mientras viviera. Estos relatos, los del día 16 de agosto, confirman por partida doble todos los detalles sangrientos de los despachos de los corresponsales franceses que le acompañaban.

Mario Neves entrevistó al propio teniente coronel Yagüe. Le preguntó por el número de fusilados. "Hay quien habla de dos mil", señaló. "No deben de ser tantos…", dijo el militar. La entrevista se realizó a las once de la mañana del día 15, es decir, apenas 16 horas después de que Yagüe entrara en la ciudad (los fusilamientos en masa no habían hecho nada más que empezar). Posteriormente, Yagüe fue entrevistado por John T. Whitaker, que le preguntó si era verdad que habían sido fusiladas miles de personas en Badajoz. La respuesta de Yagüe no deja lugar a dudas. "Naturalmente que las hemos matado. ¿Qué suponía usted? ¿Iba a llevar cuatro mil prisioneros en mi columna teniendo que avanzar contra reloj? ¿O iba a dejarlos en la retaguardia para que Badajoz fuera rojo otra vez?" Sin comentarios.

El folleto de McNeill-Moss, como trabajo de investigación es una autentica chapuza (no resiste un mínimo examen), pero como propaganda fue un auténtico éxito. Incluso hoy, aunque parezca increíble por la contundencia de la información existente, hay cronistas poco escrupulosos –eso, sí–, Pío Moa entre ellos, que confundiendo la ciencia histórica con la propaganda, siguen al pie de la letra las consignas del panfleto de McNeill-Moss para negar lo que ningún historiador serio pone en duda. En sus escritos, Moa utiliza las misma trápalas y artimañas que el autor de "La leyenda de Badajoz". En cualquier caso es un fraude presentar como trabajo de investigación lo que es una simple recopilación de insensateces, por llamarlo de forma suave. Para su desgracia, para desgracia de los Moa y quienes los jalean, la verdad se ha abierto paso, proclamando a todos los vientos cómo se realizó la conquista de España por las fuerzas de Franco…

(*HOY*, 21 de octubre de 2004)

LAS MENTIRAS DE PÍO MOA

Confieso que esperaba algo más que extravagancias y descalificaciones personales del aventajado discípulo de Ricardo de la Cierva en su respuesta a mi artículo "¿Qué guerra?" El señor Moa se pasa la vida reclamando debates historiográficos y lo único que hace es reproducir, una vez más, los tópicos propagandísticos puestos en circulación en la inmediata posguerra por Joaquin Arrarás, el pregonero mayor de la santa cruzada franquista, y por el comandante McNeill-Moss, conocidísimo "demócrata" también, además de "especialista" como todo el mundo sabe, en lo referente a las matanzas de republicanos en la plaza de toros de Badajoz. O lo que es lo mismo, reproduce las apolilladas peroratas de Falange, Franco y los requetés.

Esperaba del señor Moa una respuesta con cierta base documental y se presenta con la rancia mercancía ideológica de posguerra, que le caracteriza, cargado de pétreas certidumbres (reveladas, que no investigadas. Su paso por la Fundación Pablo Iglesias solo ha debido de ser por delante de sus puertas, nunca por sus archivos) y con una insolvencia intelectual extrema. En fin, ¿qué altura intelectual se puede esperar de quien trata a los homosexuales de enfermos mentales, sostiene que la liberación de la mujer es la causa de la ruptura de la familia o declara que los miembros de "Nunca Mais" son una banda de cacos? ¿Qué se puede esperar de quien se llama a sí mismo historiador, pero desprecia la verdad?

El señor Moa y demás voceros del franquismo, algunos travestidos de liberales deberían tomarse la molestia de leer *Memoria de la guerra civil. Los mitos de la tribu*, de Reig Tapia, así como *La columna de la muerte*, de Francisco Espinosa, dos de los ejercicios historiográficos más completos y serios que sobre la guerra de España se han realizado durante los últimos años, La mitad de la obra de Espinosa la ocupa un impresionante anexo con los nombres, apellidos y profesiones de miles de personas que perdieron la vida en Badajoz y su provincia desde el verano del 36, lo que viene a demostrar, sin ningún género de dudas, la inmensidad de la represión llevada a cabo por las tropas de Franco en Extremadura.

En el trasfondo de las posiciones que don Pío Moa y compañía defienden hay una interpretación política clara. Huyendo del ejercicio del verdadero historiador, Moa suele tomar la parte por el todo, suele aprovechar que el Pisuerga pasa por Valladolid para afirmar, por ejemplo, que puesto que la CEDA no era nazi, la guerra la empezaron las izquierdas en 1934. Por la misma razón, deduce que, si en la plaza de toros de Badajoz no hubo banda de música, quiere decir que tampoco hubo fusilamientos. Un verdadero despropósito de la razón.

En la línea de propagandistas tan afamados como Arrarás, Moss, Ricardo de la Cierva, Palomino, Vizcaíno Casas, Campmany o Jiménez los Santos, don Pío pretende demoler la labor seria, callada y rigurosa de historiadores de prestigio nacional e internacional, como Pierre Vilar, Paul Preston, Javier Tusell, Tuñón de Lara, Julio Aróstegui, Edward Malefakis, Moradiellos, Chaves, o los citados Reig Tapia y Espinosa, que con enorme esfuerzo intelectual –décadas de trabajo– han sentado las bases para el conocimiento científico de aquellos terribles años.

A los franquistas, incluida la banda de libelistas indocumentados que Pío Moa encabeza, cada día les quema más que la sociedad española sepa, por fin, que la dictadura de su admirado caudillo se asentó sobre la vida y la sangre de miles de españoles. No saben qué hacer para contrarrestar la verdad y mienten impunemente. Los planteamientos revisionistas del señor Moa a propósito de la Segunda República, la Guerra Civil y la dictadura de Franco han sido sistemáticamente demolidos por la crítica especializada, no obstante lo cual los voceros de la ultraderecha española siguen presentándolo como un autor de referencia inexcusable.

¿Por qué será? ¿De qué tienen miedo? ¿Del resurgir de la verdad histórica? ¿De que los hijos y los nietos de las víctimas de aquella barbarie se aferren a su memoria, aunque les duela? Que duerman tranquilos los herederos ideológicos del franquismo. Tantos años después no se trata de ajustar cuentas. Sencillamente, la sociedad española quiere saber, necesita saber. Nadie debería olvidar que mientras de un lado todo fueron festejos, honores, del otro solo hubo desprecio y olvido.

El señor Moa debería saber que la memoria no sabe de calendarios. La memoria es la vida. Durante décadas, el "ignorante" que suscribe se ha entrevistado con decenas de testigos y víctimas del franquismo en la ciudad de Badajoz, y todas, sin excepción, tenían, tienen, necesidad de gritar, de hablar en voz alta, de no esconderse, de ser escuchadas, de desahogarse. He oído centenares de recuerdos ahogados por un dolor insoportable y una rabia infinita, recuerdos que durante mucho tiempo permanecieron oprimidos, silenciados por el miedo y la humillación a la que muchos fueron sometidos por la dictadura.

Por eso, ¿cómo puede el señor Moa tener la desvergüenza de tergiversar la realidad de forma tan manifiesta? Pío Moa miente. Lo hace con absoluto descaro, situándose en la misma categoría ética que quienes niegan el Holocausto Judío. ¿Cómo se puede tener la desfachatez de afirmar que "la victoria de Franco salvó a España (…), modernizó la sociedad y asentó las condiciones de una democracia estable?" ¿Acaso ignora el señor Moa que en noviembre de 2002, el Congreso de los Diputados aprobó una resolución de condena del golpe fascista del 36, con apoyo de todos los grupos políticos, incluido el PP?

Ya sé que intentar razonar con indocumentados, que falsean la realidad por sistema, es perder el tiempo, pero ir contra el franquismo y el neofranquismo es un deber cívico ineludible del que ningún demócrata debe de abdicar. Contra el fascismo, la manipulación, la intolerancia y la represión siempre hay que ser beligerantes, aunque te lluevan insultos y descalificaciones, ¿Qué le vamos a hacer?

(*HOY*, 3 de noviembre de 2004)

BADAJOZ: 14 DE AGOSTO DE 1936

El pasado jueves, 14 de agosto, se cumplió el cincuentenario de uno de los hechos más trágicos y sangrientos de la represión fascista en España: la masacre de Badajoz. Mas, ¿existió realmente aquel 14 de agosto? Durante muchos años, una parte de la población, convenientemente adoctrinada, sostuvo contra viento y marea que Badajoz era solo una leyenda. Fue esa parte de la población que mantuvo también que Guernica no fue bombardeada por parte de la Legión Cóndor alemana, sino quemada por los vascos; que las tropas marroquíes no eran mercenarias; que Falange no era fascista; que los generales se alzaron solo una horas antes de un levantamiento comunista ya preparado; que la revuelta militar estaba justificada por la violencia que precedió al 18 de julio, que…

Hoy no hay historiador, ni persona medianamente objetiva, que se atreva a sostener tales tesis. Incluso aquellos que siguen confundiendo la propaganda con la Historia –Ricardo de la Cierva a la cabeza, pero también Martínez Banda, Gárate

Córdoba, Aguado Sánchez y los propios hermanos Salas, entre otros– se ven imposibilitados a negar los tristes sucesos que horrorizaron al mundo un 14 de agosto en la ciudad de Badajoz y a lo más que llegan es a minimizar al máximo las cifras de represaliados en aquel verano extremeño.

Muchos siguen peguntándose el porqué de la especial represión seguida contra campesinos y trabajadores, profesionales e intelectuales en esta ciudad. Badajoz era la capital de importantes intereses estratégicos, sin olvidar que era la capital de la provincia donde se había realizado la revolución campesina en vísperas de la guerra civil. Muchos jornaleros y campesinos habían participado ya en esta tierra en singulares experiencias revolucionarias, como las de marzo y abril de 1936, cuando habían ocupado y expropiado cientos de miles de hectáreas de tierras, sin esperar los resultados de la reforma agraria oficial, que les parecía demasiado lenta y que interpretaban como una reforma típicamente burguesa. Los jornaleros y yunteros extremeños se habían adelantado al decreto de 7 de octubre de 1936 firmado por el ministro comunista Vicente Uribe que vino a ser la de mayor trascendencia de todas las medidas dadas por el gobierno de Largo Caballero.

Había que quitarles, pues, las ganas a los revolucionarios y a sus descendientes de volver a las andadas. Había que restaurar las estructuras sociales características de la España agraria oligárquica. Y he aquí que en la provincia de Badajoz esa España oligárquica había recibido serios golpes. La oligarquía agraria prácticamente había desaparecido en la provincia de Badajoz, y con ello habían sido tocados seriamente todo un conjunto de comportamientos políticos, tradiciones culturales, conductas morales y religiosas y una manera de interpretar la historia de España. De ahí que, además de utilizar el terror como arma política, la legislación de tipo social de los sublevados tendiese desde los primeros momentos a acabar con todos los obstáculos al predominio de aquella vieja y caduca oligarquía agraria.

Así, también, cuando moros, legionarios y falangistas entraron en la ciudad, tras romper las defensas, se persiguió y asesinó no solo a los dirigentes de izquierdas y sindicales, sino a la población indefensa, asesinada en masa sin celebración de juicio, sin respetar las leyes sobre prisioneros de guerra, siguiendo el principio rebelde de aniquilación física de toda oposición o posible oposición al régimen que nacía.

Cincuenta años después de aquellas masacres, ninguno de los cambios políticos fundamentales introducidos en 1939 subsiste. Hoy vuelven a estar presentes los principios de la democracia liberal que presidió España de 1931 a 1936. En definitiva, los principios de la convivencia en esta monarquía parlamentaria son los mismos que en aquella Segunda República (…)

En Extremadura el principal problema sigue siendo el de la tierra, que la Ley de la Dehesa no ataca ni en superficie, pues preconserva los dudosos intereses de la misma aristocracia y burguesía semifeudal a las que Franco entregó de nuevo las tierras extremeñas ocupadas por los jornaleros y yunteros que en 1936 cayeron en la plaza de toros de Badajoz y en las calles y campos de toda la provincia.

Es erróneo pensar que tantos años de historia desaparecen sin dejar rastro, porque de hecho, en los órdenes social y económico nada de la España actual se puede explicar sin tener en cuenta la herencia y vestigios del régimen anterior. Y es que, como dice Tuñón,"las ideologías cambian más lentamente que las normas de organización política" y las mentalidades –sobre todo aquellas que fueron sometidas al descerebramiento del discurso triunfalista de los cuarenta años– todavía más despacio…

(*Mundo Obrero*, 28 de agosto de 1986)

MEMORIA VS. OLVIDO

(...) Cuando hoy se habla de memoria histórica es para poner de manifiesto que algo de nuestra historia cercana, o relativamente cercana, aún no se ha cerrado, aún sigue pendiente de algún tipo de restitución y, por eso, sigue doliendo su evocación. Cuando hoy se habla de memoria histórica, o mejor, cuando se reivindica la recuperación de la memoria, lo que se está haciendo, en realidad, es un alegato contra el olvido.

El olvido representa el paradigma de lo injusto. Sin memoria no hay verdad histórica, no hay justicia. Durante los cuarenta años del franquismo, supuestos historiadores batallaron para hacer confundir la ciencia histórica con el adoctrinamiento y la propaganda neofranquista.

El franquismo tuvo su "comisión de la verdad" con la instrucción de la llamada "Causa General", nada mas terminar la guerra civil. Es más, el régimen. franquista mantuvo hasta el final toda una serie de símbolos banderas, himnos, las listas de caídos por Dios y España en los edificios públicos, el nombre de José Antonio Primo de Rivera en las fachadas de los templos, las fiestas que mantenían vivo el recuerdo de la guerra y la división de los españoles (el alzamiento del 18 de julio, la victoria del 1 de abril, el día de los caídos,,,)

En fin, durante décadas para unos hubo toda clase de honores, mientras que para los vencidos solo hubo desprecio y olvido, y la angustia sin medida de ignorar el paradero de sus seres queridos. En Extremadura aún son muchos los restos que permanecen en fosas comunes. (…) Por eso, frente a quienes prefieren una sociedad desmemoriada, frente a quienes gritan que ya es hora de superar con el olvido las heridas de la guerra y los traumas de la posguerra, somos mayoría los que, diciendo que sí, que hay que superar de una vez por todas las viejas heridas, sostenemos que el medicamento no se llama olvido sino conocimiento histórico, memoria histórica. Porque, para olvidar, antes es necesario conocer la verdad, toda la verdad…

(HOY, 15 de febrero de 2024)

EL PALACIO Y LA MEMORIA

La primera vez que oí hablar de los crímenes de la plaza de toros de Badajoz tenía poco más de veinte años. Entonces, cuando preguntabas, la mayoría de los pacenses no soportaban recordar, lo que no quiere decir que hubieran olvidado. Sencillamente, había sido demasiado tiempo de silencio forzado, de vejaciones sin límite, de miedos, sí, de angustias.

Algunos años después, en mayo de 1982, tuve la fortuna de conocer a Mario Neves, el periodista portugués que, entre otros, contó al mundo las matanzas de republicanos en Badajoz. Nos presentó David Hart, que había quedado con el entonces septuagenario periodista para entrevistarlo ante las cámaras de la televisión británica para la que trabajaba.

Nos encontramos en la cafetería del hotel Zurbarán, donde se hospedaban y creo que congeniamos enseguida. Yo ardía en deseos de preguntar a Neves a bocajarro sobre el verano del 36, pero David Hart, de momento, parecía mas interesado en algunos de los aspectos biográficos del portugués, quien además de ser licenciado en derecho y haber ejercido el periodismo durante 42 años, había sido comisario adjunto de la representación de Portugal en la Exposición de Bruselas (1958), director general de la Asociación Industrial Portuguesa, y, tras la Revolución de los Claveles, embajador de su país en la URSS y secretario de Estado de Emigración.

La conversación, salpicada de interesantes anécdotas, dio un giro tras el segundo café. De pronto, la expresión de Mario Neves cambió y sin cámaras ni micrófonos todavía, obligó a su memoria a dar un enorme salto hacia atrás.

"Para mí", confesó aquel día y escribió más tarde, "esto es un desahogo y supone un alivio para cerca de medio siglo de opresión de mi conciencia, dominada por el constante remordimiento de casi haber dejado caer en el olvido el testimonio de uno de los más terribles acontecimientos que un hombre pueda presenciar.

"Como comprenderán, durante más de cuatro décadas de actividad periodística, he tenido ocasión de asistir a centenares de eventos de muy variada índole, pero ninguna evocación me ha acompañado tan fielmente, con un tormento tan verdaderamente obsesivo como la tremenda visión que mis ojos fijaron aquellos días angustiosos del inicio de la guerra civil española, cuando la toma de Badajoz. Entonces quedé tan turbado con lo que presencié que juré no volver a esta ciudad durante el resto de mi vida".

Mario Neves, que era la primera vez que pisaba las calles de Badajoz en los últimos 46 años, relató aquella mañana de mayo para David Hart y para mí lo que vio y oyó en esta ciudad a mediados de agosto de 1936.

Al día siguiente lo repitió ante las cámaras de televisión a las puertas de la vieja plaza de toros, el lugar donde la barbarie fascista había asesinado a innumerables extremeños y extremeñas, por el alto crimen de soñar que era posible un mundo mejor, una España en democracia y un porvenir de modernidad, de libertad y de justicia, de educación y de progreso, de igualdad y derechos universales, o lo que es lo mismo, los principios que representaba la II República.

Sueños capaces de cambiar la vida de un pueblo condenado durante siglos al hambre, el yugo y la ignorancia. Realidades como la reforma agraria, el voto femenino, la construcción de siete mil escuelas en tan corto espacio de tiempo, la asistencia sanitaria pública, el reconocimiento del derecho de los trabajadores, la separación entre Iglesia y Estado…

Todo esto y mas sería enterrado en la arena de la plaza de toros de Badajoz por los vencedores del fratricida conflicto, por quienes siempre han confundido la salvación de la patria con el interés de las tradicionales clases dominantes.

En ese mismo lugar, encajado en el baluarte de San Roque, es donde hoy se levanta el Palacio de

Congresos de Badajoz, un monumento a la palabra, y, por tanto, a la memoria; una antorcha que parece asomarse al mundo desde el corazón de la ciudad, donde veo un especial simbolismo: los valores, las aspiraciones, los ideales que hace setenta años fueron aplastados aquí, hoy florecen con renovados bríos…

(HOY, 30 de abril de 2006)

BADAJOZ, AGOSTO DE 1936.
¿QUIEN DESENCADENÓ LA GUERRA?

Como Sartre, concibo la creación literaria como un compromiso con la gente y con el tiempo que nos ha tocado vivir. Es precisamente la Palabra lo que hace al hombre un animal distinto, inteligente y capaz de comunicarse; un animal social y, por consiguiente, solidario, que necesita de los demás.

También entiendo que el hombre, además de un animal social y político, es un ser histórico. Entiendo que cada hombre, cada mujer, es heredero/a de la Historia, por lo que necesariamente tiene que conocer el pasado.

Sentado lo anterior, creo que, casi noventa años después del inicio de la guerra civil española, sigue siendo necesario ahondar en la historia de aquellos difíciles años. Se puede hacer a través de la Historia, pero también de la Literatura y de la Memoria, siempre sin resentimientos ni rencores, sin revanchismos, sin avivar tensiones ni odios. No es del olvido ni del recuerdo pasional, sino del conocimiento histórico de donde los pueblos adquieren la experiencia necesaria para impedir la repetición de las tragedias.

Los que tenemos cierta edad sabemos cómo fue la transición de la dictadura a la democracia. Sabemos lo que significó una consigna de la reconciliación nacional que permitiría que ciertos asesinos se fueran de rositas; verdugos que, además, tendrían la desfachatez de exigir al pueblo español que se borrara la memoria, obviando que el olvido representa el paradigma de lo injusto. El olvido dificulta el ejercicio de una democracia completa y la asunción de una fraternal reconciliación (sobre el olvido no puede construirse una sociedad justa, libre, fraternal).

Recién estrenado el siglo XXI fallecía en un hospital de Mérida, rodeado de los suyos, "habiendo recibido los santos sacramentos y la bendición de su santidad" –según nota necrológica aparecida en la prensa regional– un hombre de 84 años, teniente honorífico de la Guardia Civil, por más señas. En 1949 ese hombre tenía 33 años, era comandante de puesto en un pueblo de La Serena y asesinó a sangre fría, después de ser cruelmente torturados, a Manuel Merino, Antonio Iglesias, Sinesio Calderón y Antonio Cortés (campesinos de Garlitos, Cabeza del Buey y Helechal). Aplicó la ley de fugas diez años después de terminada la guerra civil. Mató a cuatro inocentes porque, después de doce días ininterrumpidos de crueles torturas, su estado era tan lamentable que no se atrevía a presentarlos ni ante el inquisitorial juez Enrique Edmar Fernández.

Oculto entre unos peñascos de granito, un cabrerillo de Helechal de poco más de doce años fue testigo del crimen. No se puede pedir ni al conjunto de la sociedad y mucho menos a las víctimas que olviden. Olvidar sería una segunda condena a muerte.

Unos mismos hechos pueden producir diferentes emociones, distintas interpretaciones.

Durante cuarenta años, una buena parte de la población española vivió convencida –por la machacona propaganda del régimen franquista y la deformación histórica– de que el 14 de agosto de 1936 y la plaza de toros de Badajoz eran sólo inventos republicanos; que los resultados de las elecciones del 16 de febrero habían sido falsificados, que la revuelta militar estaba justificada por la violencia que precedió al 18 de julio, que los militares se alzaron sólo unas horas antes de un levantamiento izquierdista ya preparado, y que algunas de las iglesias que salpican la Ruta de la Plata no habían sido bombardeadas por los fascistas para desalojar de ellas a los republicanos que, ingenuamente, creyeron que en "suelo santo" estarían a salvo.

Aún hoy, gente de buena fe, al ver desmontados los mitos que posiblemente dieron sentido a su vida, reaccionan de manera airada, rechazando, sin previo análisis ni reflexión, todo aquello que interpretan como una agresión personal. La profunda carga emocional de aquella España rota, que nos legó una dictadura de casi cuarenta años, aún nos alcanza.

Es difícil desarmar completamente los mitos y leyendas que se fraguaron durante aquellos años, máxime cuando a esa dificultad hay que añadir un problema de fondo: el miedo a la historia. Miedo, sobre todo, de aquellos que, confunden historia y propaganda.

Yo creo que, casi noventa años después, estamos en condiciones de establecer algunas conclusiones en torno a la guerra civil española. En primer lugar, el punto de partida estriba en quién desencadenó la guerra. Pretender a estas alturas que la guerra la originaron precisamente aquellos que se opusieron al inicio de la misma, sobrepasa toda posibilidad de análisis lógico y no deja de ser una falacia justificadora y obstinada de quienes aún pretenden que la sublevación de 1936 fue una necesidad histórica para impedir el asalto al poder de las masas populares e impedir, asimismo, sus consecuencias económicas, sociales, políticas y religiosas.

En segundo lugar, los rebeldes, es decir los franquistas empezaron por situarse al margen de la ley. Los defensores de la República tuvieron que empezar por defenderse de una violentísima agresión. Por ello es imposible seguir sosteniendo la aberración jurídica en que se basaron los consejos de guerra, que fallaban condenas, por el supuesto delito de adhesión a la rebelión militar, precisamente contra aquellos que habían defendido la legalidad vigente.

En tercer lugar, una vez desencadenado el conflicto, no se puede ignorar la distinta actitud de las autoridades de cada una de las partes en que quedó dividida España. En una de ellas se practicó el terror a priori y con el beneplácito de las autoridades. En el otro se respondió a posteriori y ante la impotencia de las autoridades. Para apreciar esto basta con hacer un análisis comparativo de las declaraciones de los máximos responsables de cada uno de los bandos. Está claro que los sublevados disponían de órdenes estrictas para imponerse sin contemplaciones. Ante una población mayoritariamente hostil, la práctica indiscriminada del terror podía contribuir a debilitar la resistencia que se esperaba. Es más, las autoridades franquistas hicieron algo más que inhibirse ante los asesinatos: con sus declaraciones contribuyeron a fomentarlos; los ampararon cuando no los propiciaron. Son conocidas las declaraciones de los jefes rebeldes (Mola, Queipo, Yagüe…), incitando a sus tropas a la práctica del terror. En su avance desde Sevilla, a los vencidos se los fusilaba sobre el mismo campo de batalla.

Después de que la columna de Yagüe abandonara Badajoz se siguió fusilando en la plaza de toros, en las tapias del cementerio y en la cárcel, no fueran a volver a las andadas los sindicalistas y demás revolucionarios. La oligarquía no olvidaba loa golpes recibidos durante los meses de marzo a junio del 36, habiendo sido tocado todo un conjunto de comportamientos políticos, tradiciones culturales, conductas morales y religiosas y una singular y excluyente manera de interpretar la historia de España. De ahí que, además de utilizar el terror como arma política, la legislación de tipo social de los sublevados tendió, desde el principio, a acabar con todo lo que obstaculizara el predominio de aquella vieja oligarquía agraria.

(*Periódico Extremadura*, 12-8-2025)

BADAJOZ, AGOSTO DE 1936 (II)
LOS FASCISTAS ASESINAN
A LA POBLACIÓN DE BADAJOZ

Las matanzas del verano de 1936 en Badajoz fueron dadas a conocer al mundo entero por los periodistas que entraron en la ciudad desde Portugal en la mañana del día 15 de agosto: Jacques Berthet, del Temps, Marcel Dany, de la agencia Havas, y Mario Neves, del "Diario de Lisboa", cruzaron el Guadiana por el Puente de Palmas, viniendo de la frontera de Caya, sólo unas horas después de la caída de la plaza fuerte en manos de Yagüe. Posteriormente, el 23 de agosto, llegó a la ciudad el periodista Jay Allen.

El domingo 16 de agosto los periódicos franceses *Le Populaire*, *Le Fígaro* y *Paris-Soir* dan cuenta de las masacres de Badajoz. *Le Populaire* abre en primera página con este titular: "Los fascistas asesinan a la población de Badajoz". Este periódico tenía la información del corresponsal de la agencia Havas. En este mismo sentido telegrafían los demás corresponsales, en cuyos diarios se pudo leer aquel día: "La sangre corre por las aceras". "Los legionarios y los moros siguen ejecutando en masa". "El número de víctimas, incluidos mujeres y ancianos, es innumerable". "Los cadáveres cubren el suelo"... Días después, el 30 de agosto, fue publicada la descripción de la masacre de Jay Allen en el "Chicago Tribune". Allen, que fue el primer corresponsal que consiguió entrevistar a Franco, habla de 4.000 asesinados, sólo en aquellos días de agosto. Luego se siguió matando durante todo el verano, todo el treinta y seis y los años que siguieron; calculándose en no menos de nueve mil el número de asesinados en el conjunto de la provincia pacense (el proyecto de recuperación de la memoria histórica en el que en su momento intervinieron la Universidad, la Junta, las Diputaciones y Asociaciones de recuperación de la memoria histórica, manejaron en su momento, con nombre y apellidos, en torno a las doce mil víctimas en la región).

En realidad, los asesinos de miles de hombres y mujeres en Badajoz no disimularon su crueldad. Mataron de madrugada mataron a la luz del día, encargándose sus propios jefes de publicitar el horror. La práctica indiscriminada del terror, como no me cansaré de repetir, formaba parte de una guerra psicológica que tenía un fin muy claro: paralizar al pueblo español, debilitar la resistencia que se esperaba. Distinta fue la reacción que se produjo al otro lado de los Pirineos y una vez cruzado el Atlántico, donde la opinión pública, alertada por la prensa, condena, sin paliativos, las atrocidades cometidas por los fascistas en la ciudad de Badajoz.

Los rebeldes, que ya empezaban a hablar de cruzada, cambian entonces sus prácticas propagandísticas. El jefe de prensa de los sublevados, el capitán Bolín, organiza una campaña de acoso sobre los corresponsales extranjeros, que lleva a algunos a la cárcel y a la expulsión del país (René Bru, autor de algunas de las escalofriantes imágenes que dieron la vuelta al mundo fue uno de ellos). Desde entonces, la propaganda fascista ya no parará. Los apologistas de Franco vociferan en todo el mundo que las matanzas de republicanos en Badajoz eran un mito. La "fuente" de la que beben casi todos ellos es el comandante McNeill-Moss, que considera que el "mito" se basa en cuatro artículos periodísticos: un despacho de Reynolds Packard; un artículo del *Temps* publicado en París, firmado por Jacques Berthet; un artículo de la Agencia Havas publicado en París, en el *Populaire*, firmado por Marcel Dany, y un artículo del rotativo portugués *Diario de Lisboa*, firmado por Mario Neves. McNeill-Moss y sus seguidores pensaban que desacreditando a estos periodistas podrían refutar o al menos suavizar la Matanza de Badajoz.

El principal método de McNeill-Moss para invalidar las crónicas de los dos franceses consiste en citar el reportaje del corresponsal portugués que los acompañaba, Mario Neves, del vespertino

Diario de Lisboa. Así, escribió que Neves cuenta "una historia muy diferente" y reproduce sólo fragmentos del artículo que el portugués fechó en Caya el 15 de agosto. Moss no tiene escrúpulos en censurar esta primera crónica de Neves y en ignora completamente las que envió a su periódico al día siguiente por la mañana y a mediodía, en las que describe tales escenas de desolación y de horror que confesó no olvidaría mientras viviera. Estos relatos, los del día 16 de agosto, confirman por partida doble todos los detalles sangrientos de los despachos de los corresponsales franceses que le acompañaban: "Desde ayer han perdido la vida en la capital extremeña centenares de personas". "El foso de la ciudad está abarrotado de cadáveres. Son los que han sido fusilados esta mañana".

Yo conocí hace más de 40 años años al periodista portugués Mario Neves. Hablamos largo y tendido sobre las matanzas de Badajoz, y siempre confirmó, horrorizado, lo que aquí había sucedido. Una tarde, al pie de unos cafés, le hablé del comandante Mac-Neil Moss y de su folleto "La leyenda de Badajoz", que desmentía los relatos de Jacques Berthet y Marcel Dany, utilizando para ello una de sus crónicas. Entonces yo no conocía todavía la serie de Neves al completo, pues uno de sus artículos había sido censurado por la dictadura de Salazar en su totalidad, después de estar el periódico en máquinas. Mario Neves en persona refutó

"La leyenda de Badajoz" de MacNeil Moss, punto por punto (luego lo hizo en su libro *La matanza de Badajoz*), ratificando de una vez por todas lo publicado por los otros corresponsales extranjeros.

Mario Neves entrevistó al propio teniente coronel Yagüe el día 15 de agosto en un despacho del ayuntamiento de Badajoz. Le preguntó por el número de fusilados. "Hay quien habla de 2.000", señaló Neves. "No deben de ser tantos…", dijo el militar, "pero con un aire de suficiencia, de perfecta confirmación de que podía ser posible". La entrevista se celebró a las once de la mañana, es decir, apenas quince horas después de que Yagüe entrara en la ciudad (los fusilamientos en masa no habían hecho nada más que empezar).

Poco después de salir de Badajoz en dirección a Madrid, Yagüe fue entrevistado por Jhon T. Whitaker, que le preguntó si era verdad que habían sido fusiladas en esta ciudad miles de personas. La respuesta de Yagüe no deja lugar a dudas: "Naturalmente que las hemos matado. ¿Qué suponía usted? ¿Iba a llevar cuatro mil rojos prisioneros en mi columna, teniendo que avanzar contra reloj? ¿O iba a dejarlos en la retaguardia para que Badajoz fuera rojo otra vez?"

El folleto de McNeill-Moss, como trabajo de investigación es una auténtica chapuza (no resiste un mínimo examen), pero como punta de lanza de una gigantesca operación propagandística fue todo un éxito. Incluso hoy, aunque parezca increíble por la contundencia de la información existente, hay escritores poco escrupulosos que, confundiendo la ciencia histórica con lo que es simple propaganda, siguen al pie de la letra las consignas del panfleto de McNeill-Moss para negar lo que ningún historiador serio pone ya en duda.

En cualquier caso, es un fraude presentar como trabajo de investigación lo que es una simple recopilación de insensateces, por llamarlo de una forma suave. Para su desgracia, para desgracia de los seguidores de McNell-Moss y compañía, la verdad se ha abierto paso, proclamando a todos los vientos cómo se realizó la conquista de España por las fuerzas de Franco.

(*Periódico Extremadura,* 13-8-2025)

BADAJOZ, AGOSTO DE 1936 (y III)
NIVELES DE COMPLICIDAD

Hoy, casi noventa años después del golpe de Estado, ¿qué queda de todo aquello? Cuando un 20 de noviembre el pueblo español recibió la noticia de la muerte de Franco, el régimen había sufrido ya un considerable desgaste. Sin embargo, hasta aquel día habían llegado, nítidamente, al menos tres de las grandes características de la dictadura surgida de la guerra civil: ausencia de sufragio universal; existencia de un partido único, que no tiene el poder, sino que es instrumentalizado por el Estado; y el poder personal de Franco.

El régimen franquista mantuvo hasta el final toda una serie de símbolos: banderas, himnos, las listas de caídos por Dios y por España en los edificios públicos, el nombre de José Antonio Primo de Rivera en las fachadas de los templos, las fiestas que mantenían vivo el recuerdo de la guerra y la división de los españoles (el alzamiento del 18 de julio, la victoria del 1 de abril, el día de los caídos…).

Durante décadas, la cercanía de unos fue el bálsamo que consoló ausencias, mientras que para otros sólo hubo desprecio y olvido, y la angustia sin medida de ignorar el paradero de sus familiares asesinados: desigualdad ante los tribunales de justicia, desigualdad ante las instituciones del Estado, lo que ha impedido hasta hoy aclarar, no sólo las circunstancias de miles de muertes, sino la localización de incontables desaparecidos, así como la posibilidad para sus familiares de darles digna sepultura…

A la pérdida de un ser querido sigue el duelo por esa pérdida. Sin embargo, cuando no sabes siquiera dónde están sus restos y ni siquiera puedes recordarlo en público, el corazón se hace una llaga y el dolor te bloquea durante el resto de tu vida. Eso es lo que pasó con las víctimas durante la dictadura, vilmente acosadas perseguidas, humilladas, "asesinadas", a veces lentamente.

En Extremadura son muchos los cuerpos no identificados que permanecen en fosas comunes. En algunas, como las de Badajoz, Mérida o Castuera, los restos de los represaliados no identificados son incontables. Otras, a veces individuales, en su mayor parte colectivas, aún se encuentran diseminadas por los campos de Extremadura. Algunas fueron abiertas al llegar la democracia, otras han sido exhumadas por la Asociación para la recuperación de la memoria histórica en lo que va del siglo XX y los restos hallados trasladados a los cementerios. Muchas no sabemos todavía a ciencia cierta dónde se encuentran, debajo de qué olivos, al pie de qué cuneta, en qué descampado, al lado de qué tapia de cementerio.

Por eso, frente a quienes gritan que ya es hora de superar con el olvido las heridas de la guerra y los traumas de la posguerra, frente a quienes prefieren una España desmemoriada, yo digo que sí, que hay que superar de una vez por todas las viejas heridas, pero que el medicamento no se llama olvido, sino memoria, conocimiento histórico. Porque, para olvidar, antes es necesario conocer la verdad, toda la verdad.

Hace ya medio siglo, cuando preguntabas por los efectos de la guerra civil en Badajoz, apenas encontrabas a alguien que quisiera hablar de ello. Los vencidos, porque seguía habiendo miedo. Los vencedores, porque había muchos niveles de complicidad en las fechorías: el que mata, el que denuncia para que maten, el que manda matar, el que tolera, el que sabe pero calla…Había demasiadas implicaciones y era mejor no hablar, porque si ves una fechoría y decides callar, en cuanto se habla de ello te sientes culpable…

De modo que no nos vengan con cuentos otra vez los amantes de la desmemoria y la propaganda, los herederos ideológicos de quienes desencadenaron la tragedia, porque como escribió León Felipe, a estas alturas de la historia, nos sabemos todos los cuentos. Sabemos "Que la cuna del hombre la mecen con cuentos… / Que los gritos de angustia del hombre los ahogan con cuentos… / Que el llanto del hombre lo taponan con cuentos… / Que los huesos del hombre los entierran con cuentos… / Y que el miedo del hombre… / ha inventado todos los cuentos".

¿Qué queda de todo aquello?, nos preguntamos una vez más, ahora ochenta y nueve años después del golpe de Estado que dio inicio a la guerra y trajo una dictadura de casi cuarenta años. Desde 1977 el poder político emana del pueblo español, expresado por el sufragio universal, y los derechos humanos están reconocidos en la Carta Magna. Ciertamente el régimen no es una república, sino una monarquía, pero constitucional, parlamentaria y democrática. En resumen, los principios de la democracia que presidió la vida de los españoles entre 1931 y 1936 vuelven a estar vigentes desde 1977.

Sin embargo, sería erróneo pensar que tantos años de historia desaparecen sin dejar rastro. De hecho, en los órdenes sociopolítico y socioeconómico una parte de la España actual no se puede explicar sin tener en cuenta la herencia y vestigios del régimen anterior. Y es que, como escribió Tuñón de Lara, las ideologías cambian más lentamente que las normas de organización política y las mentalidades evolucionan todavía más despacio. Y ahí está esa ultraderecha, cada día más ultra y más de derechas para rubricarlo. Si no estamos vigilantes, en nombre de la libertad, la democracia y la justicia se destruirá. De hecho, el horror de 1936 cada día se hace más visible a lo largo y ancho del mundo. En estos momentos, la esperanza yace flotando en un charco de incertidumbre y la angustia nos cala hasta los huesos…

(*Periódico Extremadura*, 12-08-2025)

4.- ADIÓS COMANDANTE

DEMOCRACIA O TERROR

Todos los integrismos son iguales. Hace 20 años publiqué en *Nuestra Bandera* (órgano ideológico del PCE) que existían muy pocas diferencias, al menos sociológicamente, entre unos y otros regímenes totalitarios, fueran del signo que fueran. Todos realizan su idea política mediante el uso sistemático del terror. Todos ejercen un dominio absoluto, un control total, tanto sobre la sociedad civil como en la vida privada de los ciudadanos.

Donde hay un integrista hay una tea preparada y en España, hoy (año 2000), decir integrismo es decir ETA. Por extraños vericuetos conceptuales, el viejo carlismo foráneo se ha reencarnado en una gente que apenas intuye lo que fue el carlismo en sus orígenes. Está claro el linaje carlista del peneuvismo, pero no todos saben que ETA, en sus orígenes, fue una rama desgajada de ese mismo espíritu (fusión en 1955 de "Ekin" y la organización juvenil "Euzko-Gastedi" -EGI-, vinculada al PNV). Los mayoritarios, que seguían la línea del antiguo "Ekin", crearán a principios de 1959 la organización "Euzcadi ta Azkatasuna", cuyas siglas son ETA.

Los nacionalismos exacerbados se basan en mitos, en leyendas, en mentiras. Casi siempre acaban falseando la historia en busca de una supuesta liberación colectiva que solo conduce a la miseria y la muerte.

Todos los integrismos intentan convertir al otro, al distinto, al de fuera, en un ser menor, en un individuo que no tiene entidad plena, y, por tanto, plenos derechos. Es el recurso de quienes movilizan identidades con objeto de la segregación. ETA identifica a los vascos con los nacionalistas y a estos con los independentistas, de modo que niega el derecho a la existencia incluso a los partidos nacionalistas, excepto a HB.

El proyecto de ETA para Euzkadi es un proyecto totalitario, es decir una dictadura, y las dictaduras, sean del signo que sean, solo se consiguen por medio del terror y la amenaza.

Da la sensación de que el PNV anda un poco perdido, nadando entre dos aguas. No hay peor política que intentar ganarse al nacionalismo a base de concesiones, sin contrapartidas. Alguien ha escrito estos días que los nacionalistas integristas son aquellos a los que se les despierta el hambre, comiendo. Cuanto más comen mas cerca están del canibalismo.

El PNV debe de recapacitar sobre la imposibilidad de estar y no estar a un tiempo en un mismo sitio. No se puede estar con los que bailan aurresku en honor de asesinos y al mismo tiempo dando el pésame a las víctimas de estos asesinos.

Es difícil acercarse a los nacionalistas si no tienen claro dónde está la línea divisoria entre democracia y terror. Es difícil tender puentes cuando uno se siente vacío y desolado ante cada nueva víctima. Pero también es difícil entender que haya una solución al problema del terrorismo sin el PNV. Por eso son inconcebibles las declaraciones del presidente de Gobierno a mediados de esta semana. ¿Por qué cuando el PNV empezaba a dar un nuevo giro, que podría alejarlo de HB, el presidente Aznar, en lugar de tender puentes de acercamiento los bombardea? Sería terrible que Aznar hubiera ahondado intencionadamente en la confrontación social solo para buscar réditos electorales. Cuando Arzallus pasaba por sus peores momentos dentro de su propio partido, estos ataques lo refuerzan. Nada podría resultar más inoportuno en un momento en que acababan de aparecer signos de que la rectificación podría abrirse paso.

La solución pasa por recomponer la unidad de las fuerzas democráticas y, por tanto, favorecer el entendimiento con el PNV, que tiene que romper todos los acuerdos firmado con HB. Pero con declaraciones tan desafortunadas, el PP no facilita una salida al PNV. Mas bien parece que las están taponando, favoreciendo, precisamente, a quienes defienden en ese partido el acercamiento a HB.

El PP debe olvidarse de su estrategia electoralista y centrarse en estrategias reales de solución. Aunque la línea divisoria entre un nacionalista integrista y uno democrático resulte a veces invisible, esa línea existe: las balas matan, las palabras, no. Terror o democracia, esa es la cuestión. Los demócratas debemos saber siempre quiénes son nuestros enemigos: aquellos que niegan y atentan contra el más sagrado de todos los derechos del hombre: el derecho a la vida…

(*Periódico Extremadura*, 11 de junio de 2000)

¿NUEVA LEY DE EXTRANJERÍA?

Estoy en el agua. Las horas no pasan. La noche es ancha, desmesurada, inabarcable. Alá quiera que rompa pronto el día. No debe de estar muy lejos. Entonces, con un poco de suerte tal vez pueda avistar la costa. No, no debe de estar muy lejos. Ahora no puedo hacer nada. Solo esperar. Aguantar. Imaginar que sueño. Soy un pájaro. Solo tengo que abrir la alas y levantar el vuelo. Sí, esto tendría que ser una ilusión, una fábula, una página de *Las mil y una noches*. Entonces, el mundo, que ha desaparecido, crecería bajo mis pies en una explosión de color. Pero esto no es un sueño.

De repente, el cielo también ha huido. Así que, ahora, solo estamos el abismo y yo. Menos mal que el viento se ha calmado. Ya no hay olas como las que le dieron la vuelta a la barca a eso de medianoche. No hay olas, pero todo sigue siendo negro.

No debo moverme. Si intento llegar a tierra nadando, seguro que me ahogo, No sabría hacia dónde dirigirme. Con un poco de suerte, puede.que la tabla a la que me aferro aguante hasta que alguien me rescate. De cualquier forma hay algo muy claro: si está de Alá, me ahogaré, pero si Alá quiere, volveré a nacer al otro lado del Estrecho. Alá es grande.

Tengo tanto frío que no soy capaz de mover un solo músculo. Pero, lo peor es el sueño. Si me duermo, estoy perdido.

Hasta hace poco, yo no deseaba otra vida que la de mis antepasados. Las montañas eran el mundo. Todo el mundo. Allí nacieron mis padres. Y los padres de mis padres. Así fue siempre, generación tras generación, desde que la sangre del Profeta iluminó el Rif. Pero ahora sé que hay otro mundo más allá del mar. Europa se me ha agarrado al corazón como un sueño. Otros lo intentaron antes que yo. Bajaron en desbandada desde la tierras altas para beberse el mar y fue el mar el que se los tragó a ellos. Uno de los pocos que consiguió pisar el Paraíso fue mi primo Abdel Hakim Yamani. Al leer las cartas de mi primo, a mis hermanos y a mí se nos encendió la fantasía. Y el hambre puede dormitar durante años, incluso siglos, en el alma de un clan, y como no conoces nada más que necesidades, pues te acostumbras a ello. Hasta que hace como tres o cuatro años empezaron a llegar las nuevas de Abdel desde una ciudad llamada Bataliaus, o sea, Badajoz, y con ellas la fiebre de Europa. Antes que yo lo intentó mi hermano Abu Yacub. No pudo ser. Alá no estaría de su parte y se lo tragó el mar. Así que el año pasado me dije: "Hamed, ahora te toca a ti".

Llegué a Tánger al final del verano. En la plaza de la estación había un hombtre con un bulto a la espalda, mirando con desconfianza hacia todas partes. Sin saber muy bien por qué lo seguí y pronto se nos acercó alguien que, sin mediar palabra, nos ofreció *brûler* el Estrecho. Cerramos el trato en un café (no me acuerdo del nombre). Se quedó con los diez mil *dirham* que había conseguido reunir con ayuda de mi familia.

Salimos de Kasar-Es-Seguer al caer el sol. El mar estaba muy tranquilo. Eramos 23 hombres y una mujer, todos del interior, la mayoría jóvenes. La barca apenas medía unos cuatro metros de largo por dos de ancho, así que tuvimos que dejar en la playa nuestras cosas.

Por cruzar el Estrecho tuvimos que entregar a Alí el Barquero cuanto teníamos. Pero Alí nos dejó tirados en Tetuán después de darnos una vuelta por el mar. "Estamos en España", dijo el muy perro cuando desembarcamos. Alá lo confunda. Eso no se le hace a unos ´hermanos´.

Ayer, lunes, llegué por segunda vez a Tánger para intentarlo de nuevo. He vendido mi casa y todo mi ganado (siete cabras y media docena de ovejas). No me queda nada. Solo Alá. Mi mujer y mi hijo estarán bien en lo de mi padre. Embarcamos 35 hombres. El patrón dijo al salir de Kasar-Es-Seguer que no nos moviéramos lo más mínimo. "Tienen que ir como clavados". Eso nos dijo. Cruzar el Estrecho es fácil. Todos le creímos, ahora no sé si llegamos a creerle de verdad o si nos engañamos unos a otros para darnos ánimo.

Al principio, la travesía fue buena, casi aburrida. Sin embargo, a eso de la medianoche, cuando el patrón anunció que lo peor ya había pasado, se levantó un viento atroz y pronto las olas empezaron a entrar en el cayuco. Intentamos echar fuera las olas con las manos. El guía gritó que no nos moviéramos, pero un poco sí teníamos que movernos para echar el agua fuera de la chalana. Pronto, alguien se puso nervioso. Alguien se levantó y la barca dio la vuelta. Eso fue lo que pasó. No me acuerdo de nada más. De nada. Todo negro. Solo sé que estoy en el agua. Desde hace un rato veo parpadear un lucero entre las nubes. No oigo a nadie. Se han debido de ahogar todos. Puede que sea una señal del Profeta. Ahora que lo pienso, el patrón no dejaba de repetir que no nos moviéramos, pero como nos íbamos a estar quietos cuando olas de cuatro y hasta de cinco metros rompían con la quilla de la barquichuela, que a cada golpe de mar iba esparciéndose hasta quedar en nada. Alguien dijo que la costa española no podía estar lejos, así que quien más y quien menos debió de echarse a nadar en dirección al faro que parpadeaba en lo que creíamos que era la parte española del Estrecho, o sea, la Tierra Prometida. Algunos se olvidaron de que donde habitábamos la mayoría, casi nadie sabía nadar, y, claro, se ahogaron. Por eso se ahogaron, porque olvidaron de que no sabían nadar. Estaría de Alá.

El agua está helada. Ya no siento las piernas. Tengo calambre en las manos. Si me suelto de la tabla a la que me agarro, estaré perdido. Puede que no me quede vida que vivir, pero no tengo miedo. Estoy en manos de Alá. A lo mejor el Profeta me envía al amanecer una lancha cristiana. Entonces me enviarán de regreso a Marruecos. Lo sé. Pero lo volveré a intentar. Un musulmán no tiene miedo a morir. Un musulmán tiene algo muy claro: si Alá dice que se tiene que ahogar, pues se ahogará, pero si Alá quiere, encontrará una nueva vida en Bataliaus, o sea Badajoz, el lugar del que hablaba mi primo Abdel en sus cartas…

(Periódico Extremadura, 18 de junio de 2000)

ESCRIBIR SIN MENDIGAR

Es cierto que lo que salva al escritor es que escribir no es tanto una profesión como una especie de yoga, un camino, una alternativa a la vida ordinaria. Las recompensas que procura son de cariz casi religioso. Escribir no da más satisfacciones, generalmente, que las espirituales. Nada más y nada menos.

Es cierto que ninguna actividad humana requiere más tiempo que la de escribir. Es muy raro que alguien llegue a ser un buen escritor sin pasar buena parte de su vida ante el papel o la pantalla del ordenador.

Es el mero acto de escribir, lo que hace al escritor. Se tarda horas, a veces días, en escribir unos cuantos folios en borrador y muchísimos más en revisarlos, hasta dejarlo en condiciones de poderlos leer varias veces sin tener que retocarlos.

Una novela, por ejemplo, puede llevar años de trabajo. Me estoy refiriendo a las buenas novelas, las que se escriben según las viejas razones por las que los escritores escriben, aquellas que dan testimonio de las inquietudes y aspiraciones del hombre en su intento de encontrar sus propias señas de identidad y las de su entorno; aquellas que presentan ante nuestros ojos sucesos inesperados, ambientes inaccesibles, mundos maravillosos, personajes fuera de lo común; aquellas que retratan lo más oscuro de nosotros mismos o de nuestro mundo, y ponen el dedo en cualquiera de las llagas que nos corroen; aquellas que nos ayudan a conocernos mejor y a tomar conciencia de los problemas; aquellas que ayudan a descansar con la imaginación, a multiplicar nuestra vida y a consolarnos de tantas tristezas.

Uno se puede volver loco intentando escribir una novela de cuatrocientos o quinientos folios sin perder el hilo, sobre todo cuando el escritor carece de independencia económica y tiene que buscar un trabajo que casi nunca es compatible con su interés principal, o sea escribir.

Solo hay una forma de escribir una novela larga, seria: se trabaja, se deja lo escrito en una estantería, se trabaja, se vuelve a dejar lo escrito en un cajón; se trabaja un poco más, día tras días, mes a mes, año tras año, hasta que llega el momento en que al leer la obra entera, por lo que uno ve, no se descubren errores.

Todo auténtico escritor, es decir el que pone el arte de escribir por encima de todo, como el cristiano medieval, confía en que a una época de honroso sufrimiento siga la dicha en forma de recompensa. Son muy pocos los escritores que se ganan la vida solo escribiendo. Los hay que ejercen la medicina, otros son curas o funcionarios, algunos son mecánicos, bomberos, periodistas, vigilantes nocturnos y muchos se dedican a la enseñanza en escuelas e institutos en jornada completa.

De cualquier manera, por el bien de su arte, el escritor tiene que aprender a vivir dentro de los límites que le marca la singular existencia que lleva. Si el escritor ansía poseer todo lo que ve en televisión, mas le valdría renunciar y tomarse en serio lo de ganar dinero.

Sospecho que las medidas que estudian la Junta de Extremadura, la Universidad y la Asociación de Escritores van encaminadas a facilitar de alguna forma este tortuoso proceso de maduración lenta que no solo se da en la novela. La figura del escritor-profesor-visitante no es nueva ni siquiera en España. Numerosas universidades de todo el mundo la han ensayado con éxito. Ahora bien, cuando se nombra la "bicha" en estos pagos, florece mucho falso pudor. Hay un poco de hipocresía cuando nos escandalizamos. Seamos sinceros: realmente, el sueño de todo auténtico escritor es dedicarse a escribir sin necesidad de tener que mendigar, como hacían los poetas antiguos…

(*Periódico Extremadura*, 25 de junio de 2000)

EXTREMADURA, ¿POR QUÉ, NO?

Llama la atención del viajero la variedad de recursos naturales y culturales que siembran las comarcas de Extremadura. Aquí, en altitudes que oscilan entre los ciento cincuenta y los dos mil cuatrocientos metros se entrecruzan paisajes tan diversos como las cumbres de Gata y Las Hurdes, hasta no hace mucho unos mundos literalmente perdidos, con un atractivo increíble; los valles del Ambroz y del Jerte, auténticos paraísos naturales; La Vera, donde la primavera es perenne; las inagotables vegas de Coria y Campo Arañuelo; la penillanura del Salor, adonde vienen a reunirse en asamblea casi la totalidad de la cigüeñas de la tierra; y la altiplanicie trujillano–cacereña, donde se encuentra el Parque Natural de Monfragüe, un espacio maravillosamente conservado; Los Ibores y Las Villuercas, un agreste entramado de frondosa hermosura; la Sierra de Montánchez, en el corazón mismo de la región, y los Baldíos de Albuquerque, entre cuyos jarales vuelven a oírse aullidos de nostalgia. Y al otro lado, en la parte oriental, La Serena y La Siberia donde los ríos se detienen para formar genuinos mares interiores y a cuya cabecera se halla la Reserva de Caza de Cijara. Cruzando de este a oeste la provincia de Badajoz se encuentran las vegas del Guadiana, que por Mérida tiene de vecino al Parque Natural de Cornalvo; la fértil Tierra de Barros, con su continuación en los Llanos de Olivenza y, abrazando la región por el sur, la clara y acogedora Campiña, y las etéreas Tentudía y Sierra del Sur, con el mayor bosque de encinas del mundo…

Si inmenso y diverso es el entorno ecológico extremeño, no lo es menos su legado cultural. Por su situación geográfica, esta tierra ha sido una encrucijada de caminos y civilizaciones desde el principio de los tiempos. Dan testimonio de su paso por aquí desde yacimientos paleolíticos y prerromanos hasta muestras materiales del periodo orientalizante, también conocido como tartésico, por no hablar de la apabullante presencia romana, los restos visigodos, el abrumador legado árabe o la memoria de los innumerables barrios judíos.

La declaración de Patrimonio de la Humanidad de Cáceres, Mérida y Guadalupe vino a reconocer lo que de hecho era ya un secreto a voces, que Extremadura, durante mucho tiempo un espacio casi en blanco en los mapas, es en realidad un pletórico conjunto de aciertos históricos de singular belleza y extraordinario valor artístico.

A las ciudades Patrimonio de la Humanidad hay que unir otros excesos arquitectónicos, representados por Badajoz, Alburquerque, Olivenza, Jerez de los Caballeros, Zafra, Llerena, Trujillo, Alcántara, Coria, Plasencia o Hervás, por citar solo algunos. Como conjuntos monásticos, al profusamente reconocido Monasterio de Guadalupe (históricamente uno de los centros científicos y religiosos más pujantes del país) se unen otros dos magníficos ejemplos: Yuste, refugio del último "césar", y El Palancar, que, unido para siempre al recuerdo de San Pedro de Alcántara, pasa por ser el monasterio más pequeño del mundo.

Hoy, protagonista como nunca de su destino, Extremadura se afana en el desarrollo de sectores que complementen al importante componente agroganadero que en el pasado caracterizó a esta tierra. Indiscutiblemente, la autonomía ha traído resultados económicos importantes. Extremadura ha dejado de ser aquella criatura postergada y saqueada desde dentro y desde fuera.

El desarrollo socioeconómico y cultural durante las dos últimas décadas del siglo XX ha sido más que evidente, y la mejoría en sectores hasta hace poco arrinconados anuncia un futuro mejor. Extremadura ha dejado de ser una incertidumbre y convertida en realidad empieza a hablar otros idiomas…

(*Periódico Extremadura,* 2 de julio de 2000)

TODAVÍA HAY MAGIA POR DESCUBRIR

A mis abuelos José y Saturnino no les gustaba la realidad que se nos imponía, así que, a poco que bajaban la guardia confundían la vida y el sueño e inventaban realidades alternativas que a mis hermanos y a mí nos trasladaban a tiempos y mundos lejanos. Creo que mi amor por los cuentos nació entonces, antes de aprender a leer. Eran tantas las fantasías que nos rondaban que siempre estábamos dispuestos a fingir tesoros donde fuera. Un día, en Helechal, explorando una de las casas medievales abandonadas por la emigración (el tiempo había hecho estragos en ella, las puertas estaban podridas, los tejados hundidos), mi hermano Rafael golpeó con una piedra la pared de una cantarera y sonó a hueco. "Aquí hay algo escondido" exclamamos a dúo. No había nada más que hablar. Inmediatamente nos pusimos manos a la obra y descalzamos la pared, por si la quimera tomaba formas tangibles. La desilusión fue tremenda. Una vez más. Pero nunca llegamos a escarmentar.

Recuerdo que aquella noche, mientras mi hermano y yo nos lamentábamos todavía por el fracaso, mi padre quiso hacernos comprender la auténtica diferencia entre realidad y ficción. De hecho, casi lo consigue, pero en aquel entonces –como siempre, como ahora– la línea divisoria entre una y otra era tan imprecisa que cinco minutos después ya estábamos atentos a la voz seductora y misteriosa de las abuelas Guadalupe y Victoriana, que poblaban de seres mágicos nuestra jadeante imaginación.

Si los cuentos de los abuelos, casi siempre estaban relacionados con los tesoros enterrados por los moros al ser expulsados de La Serena, los de las abuelas tenían un aire como de no saber dónde meterse, de forma que más de una noche, después de avistar una llamarada como humana surcando el cielo, o ver a un mago diminuto, vestido de fraile, saltando en la lumbre, dormíamos los hermanos apretujados unos contra otros para espantar el miedo. Si además oíamos el viento azotando la puerta de la calle, aullando en los tejados o enroscado como una culebra gigantesca en las ramas de la higuera del corral, nos tapábamos la cabeza con las mantas y nos apretujamos más si cabe.

La profundidad de aquellas historias aparecería años después en unas páginas de Stevenson, leídas con todos los sentidos. No me acuerdo muy bien de la edad que yo tenía entonces. De lo que si me acuerdo es que cursaba aquel bachillerato de siete años y que estaba interno en la residencia de estudiantes de Villanueva de la Serena. Y recuerdo que empecé a leer *La isla del tesoro* en la cama, con fiebre y una dieta mágica a base de leche caliente y aspirinas. El médico que cuidaba de nuestra salud, un anciano despistado y entrañable, siempre recetaba lo mismo, ya fuera para la gripe o para la meningitis. Me acuerdo también que durante toda la lectura tuve la vaga impresión de que había como unos hilos invisibles que unían las aventuras escritas por Stevenson y las historias de tesoros que escuché, antes de saber leer en voz de los abuelos a la luz de los candiles y al amor de la lumbre.

Al levantar los ojos de aquel libro (creo que ya no tenía fiebre), sentí un extraordinario vértigo de horizontes marinos que, al pronto, me impidió reconocer que había regresado a la realidad de las cosas, es decir al lóbrego y solitario dormitorio con decenas de literas vacías y una cama, la mía, que había sido una barca durante toda la lectura.

Durante años seguí leyendo con un ardor militante que me embriagaba y me hacía caer agotado al acabar cada novela. El cuarto de mi casa había sido conquistado por piratas y mosqueteros, ballenas blancas y raros objetos con los que viajar al centro de la tierra y a la mismísima luna. Ni siquiera cuando el sueño me vencía podía yo abandonar a tantos personajes como me llamaban. Durante mucho tiempo cabalgó entre las cuatro paredes de mi casa un loco entrañable con su escudero, bajo la atenta mirada de todos los robinsones que en el mundo han sido, hasta el punto de que, a poco que bajaba la guardia, todas las buenas novelas leídas se confundían en una sola.

En ese mundo real, a veces sin valores, las sociedades festejan a los millonarios como si fueran superhombres y a los rostros conocidos que habitan los programas basura de la televisión como si fueran héroes. Ante esta avalancha que todo lo arrolla, son más necesarios que nunca los poetas que hacen llover sueños. No todo estará perdido mientras haya libros que nos sigan confesando que no todo está dicho, que todavía hay magia por descubrir.

A mí me siguen gustando sobremanera las narraciones orales, pero como desgraciadamente, nos han ´asesinado´ a los abuelos que hacíamos llover sueños, pues intento bucear en un puñado de buenas novelas, aquellas que fueron escritas según las viejas razones por las que los escritores escriben, las que dan testimonio de las inquietudes y aspiraciones del hombre en su intento de encontrar sus propias señas de identidad y las de su entorno.

Una buena novela es el resumen de toda clase de lecturas. Una buena novela presenta ante nuestros ojos sucesos inesperados, ambientes inaccesibles, mundos maravillosos, personajes fuera de lo común. Una buena novela intenta retratar lo más oscuro de nosotros o de nuestro mundo, pone el dedo en cualquiera de las llagas que nos corroen, nos ayuda a conocernos mejor, a tomar conciencia de los problemas, o simplemente a descansar con la imaginación, a multiplicar nuestra vida y a consolarnos de tantas tristezas.

Frente al Gran Hermano en que se ha convertido la televisión –ese aparato ajeno y taumatúrgico del que brotan chorros invasores de ruidos e imágenes–, un puñado de buenos libros es como una flotilla de carabelas cargadas de sueños, esperanzas y sabiduría, un humilde grito en medio de la tempestad, que nos ayuda a recordar el viejo y sabio proverbio árabe que afirma que el hombre no puede saltar por encima de su propia sombra…

(*HOY*, 23 de abril de 2001)

ADIÓS, COMANDANTE...

La noche del viernes, once de abril, fueron fusilados en Cuba Lorenzo Copello, Leodán Sevilla y Jorge Martínez por haber secuestrado una embarcación de pasajeros con la que pretendían, con otros, llegar a Florida. ¿En nombre de qué dios, de qué ideal se puede quitar la vida a un ser humano? La vida es "sagrada", todas las vidas, siempre, incluso la de los peores criminales de guerra. La pena de muerte es una inmoralidad, comandante; la peor de las perversiones de un género que se llama a sí mismo humano, y yo la condeno, la condenaré con todas mis fuerzas hasta que se me desgarren la palabra y el alma.

En cualquier lugar del mundo. En Cuba, también. En Cuba alzando más aún la voz, si ello fuera posible. Y ello porque he defendido durante toda mi vida el proyecto de Sierra Maestra, de puertas adentro y de puertas afuera, hasta más allá de la razón. Pero ha llegado el momento en que la razón se me queda corta ante la magnitud de crímenes como los del segundo viernes de abril. Fue como un latigazo de luz, un relámpago paralizante y activador

159

a la vez, suficiente para descubrir que en los ojos de Cuba crece un agujero esponjoso y turbio por donde a la revolución, comandante, se le ha escapado el alma. ¿Y qué es una revolución sin alma, sin corazón, comandante? Entiendo que una revolución no solo se hace para mejorar las condiciones de vida materiales de un pueblo, para acabar con el hambre y la miseria, las enfermedades y la incultura, también para alcanzar la máxima libertad… Claro que llamar revolución o no a la actual situación que se vive en Cuba es, a estas alturas, un problema puramente semántico. Sobre todo desde los infames fusilamientos del otro día, que a muchos españoles nos ha traído a la memoria los muletazos finales del régimen franquista (salvadas todas las distancias que se quiera, el dictador español tampoco supo hacer otra cosa que morir matando). Y es que, una dictadura siempre será una dictadura, sea del signo que sea. Entre dos regímenes totalitarios, por muy alejados que estén ideológicamente, existen muy pocas diferencias en el orden sociológico. Los regímenes totalitarios siempre se realizan mediante el uso sistemático del terror; en cualquiera de ellos se puede comprobar que se ejerce un dominio absoluto, un control total, tanto sobre la sociedad civil como en el ámbito privado de los ciudadanos. Y lo que es peor, se ejerce un poder absoluto, perverso y monstruoso sobre la vida de los seres humanos (tu revolución, comandante, que alimentó las más grandes esperanzas en todo el mundo, destruye ahora de tres balazos, ríos de ideales e ilusiones).

Dicen que en algunas democracias también existe la pena de muerte. Es cierto (y yo condeno las leyes que la hacen posible y a quienes las ejecutan). La democracia no es ni mucho menos perfecta. Simplemente es, como dijo Churchill, "el peor sistema de gobierno, excluidos todos los demás", el único que permite tener una serie de libertades, incluida la de poder cambiar a los gobernantes cada cuatro años. Y es que, según mi modesto entender, de poco sirven los bienes –colectivos o privados–, si no hay libertad de elección, de expresión, de manifestación, derecho de huelga,… Realización de las utopias, sí, pero en libertad, donde el ser humano llegue a la cima de su plenitud creando nuevas relaciones entre los pueblos de todo el mundo, formando sociedades más justas, igualitarias y fraternales, donde podamos vivir plenamente libres y realizados.

Ya sé que a Cuba no la dejan ser Cuba. Sé que vivís acosados por el gigante del norte, el mismo que acaba de asesinar masivamente en Irak después de excretar sobre el rostro de la ONU. Sé que desde hace décadas, se os aplican toda clase de vetos y bloqueos para impedir vuestro desarrollo como pueblo y que vivís una continua situación de emergencia. Pero, ni así está legitimada la pena de muerte (en ningún caso, bajo ninguna circunstancia).

La pena de muerte, legalizada por los hombres

para protegerse y disuadir a potenciales criminales u opositores, coloca a la sociedad, a cualquier sociedad, a la misma altura de degradación y locura que la alcanzada por los peores asesinos. Si ademas depende, en buena medida, del estado de ánimo de un electorado o del humor con que se levante ese día un caudillo, empuja a mirarnos en el espejo de épocas que, ingenuamente, creíamos pasadas. Es la vuelta a la barbarie; el retorno a los siglos de oscurantismo y la inquisición. Ese no es el camino hacia la utopía que un día soñamos. Por todo ello te digo, con sincero dolor de corazón: Adiós, comandante, adiós…

(HOY, 23 de abril de 2003)

(ABC, 2 de mayo de 2003)

EL GOBERNADOR, LAS ENCUESTAS
Y LA PENA DE MUERTE

El gobernador de Tejas debió de echar un ultimo vistazo a las encuestas a eso de las cinco de la tarde, hora local. El *Dallas Corning News* sitúa en el 77 % la proporción de estadounidenses que se decanta abiertamente a favor de la pena de muerte. Quizás el gobernador de Tejas titubeara aún a las cinco de la tarde, pues, una vez mas estiró el brazo hacia el teléfono hasta tocarlo con la punta de los dedos. A las cinco de la tarde la vida de Karla Faye Tucker dependía aún de aquel gesto. El gobernador lo sabía. El mundo estiraba los ojos en aquella dirección. Pero, para el gobernador, el mundo, todo el mundo, es el estado de Tejas. Los periódicos le recuerdan una vez más que los tejanos son partidarios en su mayoría de que se ejecute a Karla.

A las cinco de la tarde el teléfono es una hoguera que le quema los dedos, así que retira la mano como si le hubiera mordido una víbora y vuelve sobre las encuestas. Como gobernador tiene el poder de aplazar la ejecución, pero se siente atado por la decisión adoptada por el Consejo de Perdones y Libertades del Estado que apenas veinticuatro horas antes había decidido que no había razones para la clemencia.

Durante los últimos dos años el gobernador había tenido 59 oportunidades de ejercer su derecho de intervenir en el último minuto para dictar un aplazamiento de un mes destinado a un nuevo estudio del caso por el Consejo de Perdones. Pero no lo había empleado ni una sola vez. ¿Por qué lo iba a hacer ahora? ¿Porque se trata de una mujer? ¿Porque ha merecido la atención de la opinión pública mundial? ¿Porque hasta el cabeza de la iglesia católica ha pedido que se suspenda la ejecución?

Sí, el gobernador debió de titubear una vez más cuando la CBS hizo pública la ultima encuesta, contraria a aplazar la ejecución de Karla. Definitivamente, la mayoría de los encuestados siguen siendo partidarios de la ejecución de Karla.

Karla se despertó en la prisión de Hunstville. Pasará la mañana en el corredor de la muerte acompañada por unos pocos amigos y familiares. A mediodía será trasladada a la celda contigua a la cámara de ejecuciones. Fuera de los muros de la prisión, nueve de cada diez habitantes de Hunstville –35.000 almas– se declaran abiertamente partidarios de este castigo y hasta se sienten orgullosos de que la prisión de su pequeña ciudad albergue la camilla con cinchas donde son atados los condenados para recibir en su brazo por vía intravenosa un cóctel de productos químicos letales. Lo de Karla no supone ninguna novedad en la tranquila vida de la población. Solo en el último año hubo 37 ejecuciones entre estos muros.

Ahora, después de ducharse, Karla se ha puesto un vestido blanco. Mientras le sirven su último almuerzo (una ensalada, plátanos y melocotones), recuerda una vez más a Jerry y a Deborah. Los mató por celos. Lo hizo con una piocha. Aquel día de hace catorce años no era ella, pero eso ya no tiene importancia. Entró en casa de Jerry para robarle y poder comprar drogas. Nunca pensó que pudiera encontrar dentro a su antiguo amante con otra mujer. Sí, era culpable. Nunca lo había negado en aquellos catorce años. Seguía siendo culpable aun cuando hubiera recuperado en la cárcel su fe cristiana.Ya no era la misma persona. Estaba dispuesta a vivir el resto de sus días entre rejas, dedicada al trabajo de Dios. Dios la había perdonado, pero la sociedad, no.

Muchos somos los que intuimos, aunque no seamos capaces de traducir a palabras lo que pensamos, que reconocer como legítima la pena de muerte, es tanto como sentar las bases de cualquier otro tipo de violencia, de todas las violencias.

La pena de muerte es una inmoralidad, la peor de las perversiones de un género que se llama a sí mismo humano. La pena de muerte, legitimada por los hombres para protegerse y disuadir a potenciales criminales, coloca a la sociedad a la misma altura de degradación y locura que los asesinos de Eta en España o los asesinos fundamentalistas en Argelia.

La pena de muerte, ceñida al hilo invisible de las encuestas, empuja a mirarnos en el espejo de épocas que muchos creíamos, ingenuamente, pasadas. Si miramos sin venda en los ojos, veremos, horrorizados, que el espejo nos devuelve la imagen tumultuaria de la plebe empujando hacia la horca al acusado de algún crimen. La pena de muerte no es en sí un linchamiento, pero, cuando se apoya en las encuestas, se le parece mucho. en todo caso es un homicidio legal, la venganza de toda una sociedad. Lo de Karla Faye Tucker ya no tiene remedio, pero siguen pendiente del hilo de las malditas encuestas cientos de vidas y la dignidad de la propia raza humana.

(HOY, 9 de febrero de 1998)

5.- EN TORNO A LA BIBLIOTCA DE BARCARROTA

LIBERTAD DE EXPRESION: ¿TÚ, SÍ; YO, NO?

Andrés Vicente Gómez, productor de la película *El séptimo día*, –inspirada en sucesos de imborrable recuerdo, sobre todo para los familiares y amigos de las víctimas, es decir: todo Puerto Hurraco– ha esperado dos meses para responder a unas críticas que, en su día, realizaron el presidente de la Junta y el consejero de Cultura. El productor se descalifica a sí mismo por los exabruptos que vierte. Pero, ¿por qué ha esperado tanto para responder? ¿Por qué ha escogido precisamente este momento? Sin duda para hacerlo coincidir con el inicio del rodaje de la película. Y es que Vicente Gómez, por encima de cualquier otra consideración ética o estética, es un hábil empresario, diestro en el arte de la manipulación y promoción de sus productos. En círculos cinematográficos madrileños, interesadamente, alguien ha propagado el rumor de que desde Extremadura se quería censurar *El séptimo día*. Ese alguien ha confundido, premeditadamente, la palabra censura con la expresión libertad de opinión. También se ha dicho que se había vetado el rodaje del citado filme en la región, como si, a estas alturas, eso fuera posible. Cualquiera medianamente informado sabe que la única censura que hoy existe en la industria del cine es la dictadura del dinero, es decir, la que imponen los productores a tal o cual proyecto de película una vez hechas las previsiones de taquilla. Si se espera de un filme que sea taquillero, el industrial-productor arriesga un dinero que luego espera recuperar multiplicado, lo que no deja de ser legítimo. Lo demás son bobadas y cantos al sol.

Aquí, lo más triste es que, como una pesadilla reiterada, sobrevuelan Extremadura o aguardan agazapados ciertos paladines de la España de charanga y pandereta con las hondas siempre dispuestas por si, venga o no a cuento, pudieran arrojar una piedra a cualquiera de los componentes del Gobierno autónomo. El caso es que algunas de esas hondas se han unido a los productores—-impulsores de la película contra Puerto Hurraco, llenándoseles de pronto la boca de tinta y términos como "libertad de expresión". Poco importa si, de paso, la piedra lanzada roza la cabeza de un pueblo, noble y entrañable como el que más , que se afana por aliviar sus heridas. Y es que, tal vez no sobre recordar a algunos bocachanclas, relacionados o no con el cine, que en esta historia, Puerto Hurraco fue la víctima aquel fatídico día de agosto. Y Puerto Hurraco ha hablado a través de sus autoridades legítimas y sus vecinos. ¿O tampoco ellos pueden opinar?

Convendrán conmigo en que la libertad de expresión y de opinión se conecta directamente con el pluralismo político, valor superior de nuestro ordenamiento jurídico. Sin ese derecho quedarían vacíados de contenido real otros derechos que la Constitución consagra, reducidas a formas hueras las instituciones representativas y absolutamente falseado el principio de legitimidad democrática que enuncia la Carta Magna. Convendrán también conmigo en que por la autopista de la libertad de expresión se puede circular en todas direcciones (dicho de otra manera, no es obligatorio aplaudir ni a Saura ni a nadie). Y podremos circular todos —incluidos el presidente de la Junta y el con- sejero de Cultura— y no solo unos pocos, sean extremeños o no. Sentado lo anterior, tal vez no estaría de más evidenciar lo mucho que a Extremadura le ha costado salir del estado de postergación y humillación a los que durante siglos se vio sometida. Tanto es así que, en el futuro, a los historiadores no les será difícil discernir entre un antes y un después de nuestro Estatuto de Autonomía. Por eso, por el enorme esfuerzo realizado por los extremeños durante las últimas décadas, nos indignan los tópicos y las manipula- ciones, vengan de donde vengan. Si todos los años se hicieran diez películas sobre Extremadura, sobre hechos acaecidos aquí, o inventados para este contexto, posiblemente no estaríamos ahora hablando de *El séptimo día*. Lo que pasa es que se hace una película cada diez años y, qué casualidad, siempre recurrente y estigmatizante, como si, a quienes desde Nueva York, Madrid, Segovia o la luna ponen la mirada sobre la región les pasara lo mismo que a los cavernícolas de Platón, que nunca vieron sino las sombras del mundo en las paredes de la cueva y creyeron que el mundo era eso…

(Periódico Extremadura, 5 de agosto de 2003)

¿CÓMO SE ATREVEN A SALIRSE DE LA FILA SIN PERMISO DEL QUE TOCA EL TAMBOR?

No sé a qué Gala de los Goya asistió el autor del articulo "La triste película de un puñado de bufones" (*HOY,* 11-2-04), que poco menos que lo tienen que ingresar, vía urgencias, en el Infanta Cristina. Al menos eso se desprende de la cantidad de náuseas, arcadas y otras repugnancias –por no emplear expresiones tan inadecuadas como las utilizadas en el citado escrito–, que lo asaltan durante lo que, para él, será ´una noche de perros´. No creo haber sido el único en presenciar una Gala totalmente distinta a la criticada por el jefe de prensa del ayuntamiento de Badajoz. En la ceremonia de entrega de premios a la que yo asistí, el mundo del cine supo estar a la altura de las circunstancias, sabiendo perfectamente lo que es estar en contra del terrorismo y lo que es estar a la vez a favor de la libertad de expresión, dos cosas perfectamente compatibles para cualquier demócrata.

Se está jugando con la verdad cuando se afirma tan a la ligera que nunca se vio a tal o cual levantando la voz contra Eta (es indigno utilizar el terrorismo como arma partidista cada vez que se acercan unas elecciones). No se puede pretender que a la presidenta de la Academia del Cine, ni a nadie, le escriban los discursos en la Moncloa, o en Génova, pongamos por caso. La libertad de expresión se conecta directamente con el pluralismo político, valor superior de nuestro ordenamiento jurídico (…)

La historia de sus dolencias, según confiesa el articulista arriba citado, continúa días después cuando escucha unas declaraciones del portavoz de lo que califica como "una oscura plataforma de la cultura contra la guerra", y vuelve a repetirse en el momento de leer en un periódico digital –a quién se le ocurre en su estado–que una veintena de cineastas "filmarán una película crítica con la realidad española". Acabáramos. Pero, ¿cómo se atreven esos catetos engreídos a poner en duda la buena marcha de España? ¿Cómo se atreven a salirse de la fila sin permiso del que toca el tambor?

Con todos mis respetos, yo que usted cambiaba de médico inmediatamente. Aunque puede que ya sea demasiado tarde, pues, por los síntomas que dramatiza en su artículo, hasta para los de ´letras´ está claro que nos encontramos ante algo más que un simple ataque agudo de intolerancia, pandemia que, ingenuamente, creíamos erradicada en nuestro país.

Acusa el presunto autor del artículo que nos ocupa "a los tipos esos del cine" y "de la pseudocultura" (digo lo de presunto con la mejor intención, pues la banda sonora del articulo me suena) de estar jugando a "deslegitimar la democracia española y sus mecanismos, a poner en evidencia los resortes de un Estado de Derecho", cuando lo que ocurre es justamente los contrario. Lo que hoy hace mucha gente en España, incluidos "esos del cine" y de la cultura, más los millones de hombres y mujeres que hace un año gritaron en las calles contra la guerra de Irak, o los millones de trabajadores que según Alfredo Urdaci no fueron a la huelga general, es denunciar el deterioro democrático que se está produciendo en nuestro país de unos años a esta parte, lo que se traduce en menos libertad y mayor desigualdad.

Lo que denuncian cada día más ciudadanos es la ocupación al asalto de casi todos los resortes del poder en un ejercicio totalizante que daña el funcionamiento de la democracia: el control de las altas instancias del poder judicial, con la utilización descarada, abusiva e intolerable del fiscal general del Estado; el poder económico, mediante la privatización gubernamental de los monopolios públicos (nunca en la historia de este país se acumuló en tan corto espacio de tiempo tanto en tan pocas manos); por no hablar del poder mediático, con una televisión pública que en lugar de informar a los ciudadanos es utilizada como órgano de propaganda del partido que gobierna.

Lo que denuncian millones de españoles, no solo los cineastas, es que nos tomen por tontos, diciendo que el tema de Irak pertenece al pasado, cuando, desgraciadamente, los medios de comunicación lo desmienten cada mañana; que nos sigan mintiendo sobre las inexistentes armas de destrucción masiva; que se frivolice con el dolor de miles de seres humanos, que se desprecie a los periodistas que no te aplauden, o que, puestos a manipular hasta se manipule y deforme la historia de España, con la impagable y gustosa colaboración de falsos historiadores que siguen confundiendo la ciencia histórica con lo que es, y fue durante el franquismo, simple propaganda. En fin, algunos quieren convertir otra vez a España, que debía de ser la Casa de Todos, en "una unidad de destino en lo universal". Este es el problema y no la Gala de los Goya…

(*HOY*, 26 de febrero de 2004)

EL CURA Y EL BARBERO DEL *QUIJOTE*

¿Quién no recuerda el episodio del Quijote en que el cura y el barbero convierten en cenizas buena parte de la biblioteca del honorable manchego? ¿Quién no ha oído hablar de la costumbre de la Inquisición española de quemar libros?

Sin duda, huyendo de la ´quema´, un humanista de mediados del siglo XVI, que ademas era médico, decidió soterrar en un doblado de Barcarrota diez impresos, casi todos incluidos en el *Índice* de libros prohibidos, y un manuscrito, felizmente reencontrados hace unas décadas y hoy patrimonio no solo de los extremeños.

Desde aquel afortunado hallazgo han cambiado muchas cosas en la región. En mayo de 1997, el parlamento regional aprobó por unanimidad la Ley de Bibliotecas de Extremadura. Poco después, la Consejería de Cultura presentó el programa "Ni un pueblo sin biblioteca".

Ocho años después, según fuentes ajenas a nuestra comunidad autónoma, la región extremeña lidera el Sistema Bibliotecario Español en cuanto al número de bibliotecas por número de habitantes (437 centros bibliotecarios, uno por cada 2.500 ciudadanos), alcanzando los fondos del conjunto de éstas un total de 2.027.197 de documentos, con una ratio de 1,89 libros por habitante, solo detrás de Castilla la Mancha y Navarra. En cuanto al número de usuarios (2.789.348) y de préstamos (1.138.055), Extremadura se encuentra entre las cinco primeras comunidades autónomas.

El esfuerzo presupuestario de las administraciones extremeñas, de todas, lideradas por la Junta de Extremadura, ha sido extraordinario durante estos años. Por eso espantó tanto el simple anuncio del Ayuntamiento de Badajoz de que iba a cerrar Pardaleras, Llera y Antonio Dominguez (el 50% de las bibliotecas de barrio de la ciudad) y, ademas, coincidiendo con el cuarto aniversario de la publicación de la primera parte del *Quijote* y el Año Extremeño del Libro, lo que podría ilustrar una forma de pensar y de actuar.

En todos los tiempos ha habido "curas"y "barberos". La Biblioteca de Alejandría fue incendiada por sus conquistadores, que creían innecesario conservar libros que no trasmitieran las enseñanzas del *Corán*. Tras la conquista de Granada, los Reyes Católicos publicaron un edicto mandando quemar todos los manuscritos islámicos que se encontraran. En el siglo XVI, el obispo de Yucatán, fray Diego de Landa, ordenó destruir los códices mayas porque, a su juicio, en ellos solo había superstición y mentiras. En pleno siglo XX, en Berlín, se arrojaron a las llamas miles de volúmenes de escritores judíos o contrarios al régimen. La quema se cerró con un discurso de Goebbels, ministro de Información y propaganda, en el que dijo que "había pasado la hora del intelectualismo".

Pero, la quema de libros, el borrado de la memoria de los pueblos, no es algo exclusivo del pasado. Todos hemos visto por televisión, hace nada, imágenes devastadoras e incendiarias, como las de Sarajevo o la de Bagdad.

Ciertamente, cerrar una biblioteca no es quemarla, pero produce casi tanto espanto como si lo fuera. Hace 52 años, en *Fahrenheit 451*, Ray Bradbury imaginó una ciudad donde estaba prohibido leer, pues leer obliga a pensar, lo que impide ser feliz, y no ser feliz está prohibido en esta novela. Solución: quemar los libros. Cuando se decide cerrar una biblioteca no se destruyen los libros, pero se les condena a la oscuridad. Por eso hay que felicitar al Ayuntamiento de Badajoz, que, felizmente, ha reconsiderado su decisión.

Todo municipio con una población de más de veinte mil habitantes está obligado por ley a mantener, no una biblioteca sino un sistema bibliotecario propio, lo que significa contar al menos con una biblioteca central y diversas bibliotecas de barrio, que en ningún caso deben de ser abandonadas a su suerte. El fomento de la lectura forma parte de un proceso global de formación y comunicación cultural y, como tal, no se puede impulsar de forma aislada, sino inmerso en un conjunto de estímulos y propuestas culturales.

Cualquier propuesta cultural debe de tener, como objetivo último su consolidación. Para ello, como poco, serán necesarios unos presupuestos suficientes, infraestructuras adecuadas y el personal necesario. En cualquier caso, los resultados siempre se conseguirán a medio y largo plazo.

Las bibliotecas extremeñas, en su conjunto (siempre habrá excepciones), dinamizan la afición a los libros de forma extraordinaria mediante innumerables actividades: clubes de lectura, talleres literarios, seminarios, conferencias, encuentros con autores, planes específicos de fomento de la lectura, etc. (raro es el año en que una o varias de nuestras bibliotecas no son galardonadas con premios nacionales de fomento de la lectura). Y lo hacen aún en medio del torbellino audiovisual en que nos hallamos sumergidos, dándose la paradoja de que podríamos estar asistiendo a un verdadero renacimiento de la letra impresa, precisamente cuando más de un agorero anuncia la muerte del libro.

Somos muchos los que estamos convencidos de la superioridad del libro sobre otros medios. El libro sigue siendo un objeto casi mágico, entre otras muchas razones porque al permitir la comunicación entre gentes de distintas épocas y latitudes, supera los límites del tiempo y del espacio. Pero es que, ademas, al leer se dialoga en silencio con el escritor (ante el libro no cabe la pasividad), y, en esa reflexión, cada lector colabora con el autor, pone algo de su parte. En definitiva, los buenos libros siguen confesando que no todo está dicho, que aún queda magia por descubrir…

(*HOY*, 18 de abril de 2005)

EXTREMADURA, TIERRA DE LIBROS

Si, como sostiene Borges, el libro es una extensión de la memoria, las bibliotecas serían las guardianas de los recuerdos de la Humanidad. Luego, la Biblioteca de Extremadura (Biex) es la memoria de la región, la guardiana de los recuerdos, de los hechos históricos, de los sentimientos, de las ideas que han ayudado a configurar tal como hoy es el territorio en el que vivimos.

Estrechamente relacionadas con la preservación de la memoria se encuentran las políticas nacionales y regionales sobre patrimonio bibliográfico y documental. El artículo 82 de la ley 2/99 de patrimonio histórico y cultural de Extremadura dispone qué clase de documentos constituyen el patrimonio bibliográfico de la comunidad autónoma: los fondos y las colecciones bibliográficas y hemerográficas, así como las obras literarias, históricas, científicas o artísticas, impresas, manuscritas, fotográficas y magnéticas de carácter unitario o seriado, en cualquier tipo de soporte e independientemente de la técnica utilizada para su creación o reproducción, de las cuales no conste la existencia de al menos tres ejemplares en bibliotecas o servicios públicos. Igualmente, forman parte del patrimonio bibliográfico extremeño las obras con más de cien años de antigüedad, incluidos los manuscritos, así como los fondos que por alguna circunstancia constituyan un conjunto unitario, independientemente de la antigüedad de las obras que lo conformen.

Para garantizar la conservación de nuestro patrimonio bibliográfico, el parlamento extremeño aprobó, en la primavera de 1999, por unanimidad, la Ley de Bibliotecas de Extremadura, una norma integradora del conjunto de infraestructuras bibliotecarias de la región, lo que supuso de hecho la configuración del Sistema Bibliotecario Extremeño (450 bibliotecas y agencias de lectura al día de hoy). Mediante esta ley se creó la Biblioteca de Extremadura (Biex), centro adscrito a la Consejería de Cultura, que fue inaugurada por el presidente de la Junta de Extremadura el 23 de abril de 2002.

Concebida como la cabecera funcional y técnica del Sistema Bibliotecario Extremeño, la Biex está situada en la alcazaba de Badajoz, sobre los restos del palacio de Ibn Marwan y su mezquita privada. Sobre estas primeras piedras de la segunda mitad del siglo IX se construyo después, hacia 1230, la primera catedral que tuvo Badajoz (Santa Maria del Castillo), de la que también se han recuperado importantes vestigios.

En pocas palabras, la Biex atesora códices,

legajos, libros, folletos efímeros y cuanto testimonio documental relacionado con esta tierra haya sido traspasado al papel, manuscrito o impreso a lo largo de los siglos. La Biex reúne y custodia (para los contemporáneos, pero sobre todo para las generaciones venideras) ejemplares que tratan de Extremadura, obras relacionadas de una u otra forma con la región…

HOY (Trazos), 30 de noviembre de 2008

CORIA, CUNA DE LA IMPRENTA EXTREMEÑA

Aunque la imprenta de tipos móviles fuera conocida en China desde el siglo XI, en Occidente fue Johann Gutenberg el que, a mediados del siglo XV, encontró lo que muchos andaban buscando: un procedimiento para multiplicar los ejemplares de un original a un precio competitivo.

Los primeros productos del arte de la imprenta debieron de ser –al menos eso es lo que dicta el sentido común– impresos menores de una o pocas hojas, como bulas o calendarios. Solo después vendría la Biblia llamada de 42 líneas, impresa hacia 1454/1455.

La imprenta llega a España en 1472, gracias al mecenazgo del obispo Juan Arias de Ávila, que contrató a Juan Parix de Heidelberg. Este imprimió varios libros en Segovia, empezando por el célebre *Sinodal de Aguilafuente*, seguramente el primer libro impreso en nuestro país.

Por lo que respecta a Extremadura, la gloria de haber sido la cuna de la imprenta regional corresponde a Coria, donde el maestro Bartolomé de Lila, de quien poco se sabe, sacó de sus prensas en 1489 el *Blasón General y Nobleza del Universo*, del gallego Pedro de Gracia Dei, el único incunable extremeño que se conoce.

Después de un prolongado silencio tomó el testigo de la imprenta en la región Guadalupe en combinación con Mérida. En la Puebla de Guadalupe comenzó a imprimirse el *Abito y armadura spiritual*, de Diego de Cabranes, impresión que acabó en Mérida el 19 de agosto de 1545. El autor era maestro de Artes y Sagrada Teología, catedrático sustituto de Biblia en la universidad de Salamanca, religioso de la Orden de Santiago y vicario perpetuo en Mérida y sus vicarias. El impresor, un extremeño, natural de Guadalupe, llamado Francisco Díaz Romano, se había formado en Valencia, ciudad de la que fue nombrado impresor oficial (1539) y donde habiendo comprado el taller de Juan Jofré, publicó varios libros entre 1531 y 1541.

En Guadalupe, en los talleres del citado impresor, vieron la luz el *Liber de profectu religiosorum qui formula nouiciorum dicitur*, de Juan Buenaventura, ministro de la Orden Franciscana (1546); la *Ordenanza con su glosa y la manera que se ha de tener en el comprar y vender de los censos al quitar*, del prior Hernando de Sevilla (1547), y el *Tratado nuevamente hecho sobre los censos al quitar*, de Diego Lopez Pizarro (1548).

Ya a mediados de siglo tomará la iniciativa la ciudad Badajoz, donde instalará sus talleres Francisco Rodríguez , viendo la luz en ellos, entre otras obras, las *Constituciones sinoales*, de Cristóbal de Rojas (1560) y Juan de Ribera (1565), así como *La institución o fundación de la Orden de la santísima indiuidua Trinidad de la redempción de captiuos* (1569). Los *Famossísimos romances*, de Joaquín de Cepeda, carentes de lugar y año, también salieron, posiblemente, de los tipos de Francisco Rodriguez hacia 1577.

HOY (Trazos), 30 de noviembre de 2008

TESORO EMPAREDADO, LA BIBLIOTECA DE BARCARROTA

Contra todos los tópicos, Extremadura es tierra de libros, tierra de escritores y de bibliófilos, como Juan de Zúñiga, último maestre sin corona de la Orden de Alcántara, que fundó la Academia Literaria de Zalamea de la Serena, donde Antonio de Nebrija redactó en el siglo XV la primera gramática de la lengua castellana. O como el humanista Benito Arias Montano, a quien Felipe II encargó la ingente obra de la "Biblia Políglota de Amberes", editada en 1572. O como Pedro de Carvajal, obispo de Coria; Manuel Godoy, Príncipe de la Paz; Bartolomé José Gallardo, padre de la bibliofilia moderna; los hermanos Pérez de Guzmán; Vicente Barrantes, Rodríguez Moñino… O como aquel judío converso de la familia de los Peñaranda, médico en Barcarrota, que en el siglo XVI, ante los peligros que suponía la Inquisición, escondió diez libros impresos y uno manuscrito en el doblado de su casa.

Este tesoro, emparedado durante cuatro siglos y medio, es, sin duda, uno de los descubrimientos de material librario más importantes que se han dado en España a lo largo del siglo XX. La conocida como Biblioteca de Barcarrota salió a la luz en 1992, durante las obras de reforma en una casa antigua. Adquirida por la Junta de Extremadura a la familia propietaria del inmueble, el hallazgo fue dado a conocer por el presidente Juan Carlos Rodríguez Ibarra en diciembre de 1995.

Entre los libros encontrados en Barcarrota, custodiados en la Biex, como la mayoría de los hasta aquí citados, destaca un ejemplar de *El Lazarillo de Tormes* de una edición de 1554, desconocida hasta entonces: la de Medina del Campo, que acaparó la atención de especialistas y público en general (hasta entonces se conocían tres ediciones de 1554: Burgos, Alcalá y Amberes).

Este hallazgo (algo formidable por el valor intrínseco de los libros, por su antigüedad, por su rareza) tiene un enorme interés para la historia de Extremadura. Se rompen, espero que definitivamente, muchos lugares comunes, dando una dimensión inesperada al manido concepto de la España profunda de la que ciertos superficiales nos hacen modelo paradigmático.

Es cierto que un grano no hace granero, pero la demostración de personajes como los antes citados es un soplo de optimismo para la moral de un pueblo tan maltratado por la historia. Máxime cuando al hallazgo de *El Lazarillo* y sus hermanos se han unido otros más tarde, como los "Manuscritos moriscos de Hornachos", que vieron la luz a principios del siglo XXI en parecidas circunstancias que los textos de Barcarrota. Los manuscritos, que se encontraban en muy mal estado, fueron adquiridos por la Junta de Extremadura en 2004, ocupando desde entonces su lugar en la Biex, que los custodia para las generaciones presentes y venideras…

TURISMO LITERARIO

Existen mil y una formas de viajar. Se puede viajar en coche, en tren, en avión, en barco, recorriendo rutas a pie, a caballo, en bicicleta, disfrutando de la naturaleza, descubriendo rincones con el encanto de otras épocas, deleitándonos con la gastronomía, el arte o la historia presente en cada destino. Pero, también podemos viajar sin movernos de nuestro lugar de residencia.

Leer y viajar son dos verbos que están estrechamente vinculados. Ciertamente los viajes y la literatura han desarrollado una curiosa amistad, que ha desembocado en una forma de peregrinar apasionante. Aparentemente son dos aficiones independientes que realizamos en momentos diferentes, pero la realidad va mucho más allá, siendo cierto que llevan siglos fusionando sus encantos para dar lugar a un fenómeno que enamora a millones de personas en todo el mundo: el viaje literario.

Es este un viaje atípico: tanto como los lugares en sí, importa lo que en ellos ha pasado, en la realidad o en las páginas de los libros. El viaje literario se basa en visitar lugares, eventos o personas que de alguna forma han tenido influencia en tal o cual obra literaria. En esta forma alternativa de viajar, una novela puede sustituir a las guías turísticas y ayudarnos a regresar a los escenarios de ficción.

Hay quien sostiene que el turismo literario moderno tiene sus orígenes en la obra *En busca del tiempo perdido*. Según esa teoría, habrían sido grupos de entusiastas lectores de Marcel Proust los promotores de esta forma de viajar. Por su parte, Jesús Sánchez Adalid sostiene que literatura y grandes viajeros siempre fueron de la mano, remontándose a la antigua Grecia donde todos querían ser Aquiles, inspirados por la fuerza del personaje de la obra homérica. Según el de Villanueva de la Serena, el mismo Alejandro Magno cargaba con las historias de la *Iliada* en la cabeza, viajando a Troya para rendir tributo al lugar donde se decía que estaba la tumba de Aquiles.

En España, el turismo literario debe mucho a la inmortal obra cervantina. "Y así, sin dar parte a persona alguna de su intención y sin que nadie le viese, una mañana, antes del día, que era uno de los calurosos del mes de julio, se armó de todas sus armas, subió sobre Rocinante, puesta su más compuesta celada, embrazó su adarga, tomó su lanza y por la puerta falsa de un corral salió al campo, con grandísimo contento y alborozo de ver con cuánta facilidad había dado principio a su buen deseo".

Han pasado más de cuatrocientos años desde que iniciara sus viajes el ingenioso Hidalgo y otros cien desde que Azorín recreara el recorrido del Caballero de la Triste Figura. "Yo voy a recorrer brevemente los lugares que él recorriera". Desde entonces son muchos los lectores viajeros que recorren los campos y pueblos de La Mancha, deleitándose en unos paisajes inolvidables.

UNA FORMA ALTERNATIVA DE VIAJAR

Cada día son más los lectores que, macuto al hombro, emprenden viaje con el fin de visitar los parajes descritos en tal o cual novela que han leído y pasado a la posteridad gracias a la literatura. Y es que el viaje literario se está convirtiendo en una forma alternativa de viajar. Madrid, por ejemplo, presume de su Barrio de las Letras, que albergó alguna de las plumas mas grandes de la historia de España: Lope de Vega, Quevedo, Góngora, Cervantes…

En París, tras seguir las huellas de Víctor Hugo y visitar el cementerio de Pére Lachaise, en el que se encuentran los restos de Oscar Wilde, Honoré de Balzac, Paul Eluard y Jim Morrison, podríamos recorrer alguno de los cafés que sirvieron como punto de reunión para el surgimiento de diversos movimientos intelectuales de siglos pasados.

Dublín, cuna de Oscar Wilde, es además del lugar donde James Joyce sitúa las andanzas de los personajes de su *Ulises*. Cada 16 de junio, que es el día del año 1922 que comienza esta obra, miles de turistas, amantes de la literatura, recorren sus calles para rendir homenaje a uno de los mejores escritores que ha dado la literatura universal.

En la Lisboa de Fernando Pessoa, uno de los mayores poetas y escritores de la lengua portuguesa y la literatura europea, el viajero se pierde en las laberínticas callejuelas, entre fados y versos. En fin, podríamos recorrer el Londres de Sherlock Holmes; la Praga de Kafka; la Habana de Hemingway; el San Petersburgo donde ocurren los hechos de *Crimen y castigo*, de Dostoievki; la Barcelona de Vázquez Montalbán/Pepe Carvalho; o tomar el tren de Cervantes en Alcalá de Henares, acompañado de personajes cervantinos que interpretan escenas de sus obras.

VIAJANDO EN LIBRO POR LA REGIÓN

¿Y Extremadura? ¿Contamos aquí con rutas turísticas nacidas como respuesta a manifestaciones literarias? A mi entender, la región esta descubriendo el potencial de los viajes literarios, del turismo literario. Está siendo un éxito el programa de "Rutas literarias", con alumnos de Educación Secundaria, iniciativa de cooperación territorial entre el Ministerio de Educación y las comunidades autónomas. Desde hace un lustro nos visitan grupos de alumnos y profesores de institutos de toda España. También es una experiencia interesante el programa de encuentros en torno al teatro romano de Mérida, que reúne cada año a miles de jóvenes, por no hablar de la Ruta del Romanticismo en Almendralejo, que acaba de celebrar una edición más y apunta ya como ejemplo a seguir.

Una de las experiencias que más satisface a un escritor es el encuentro con sus lectores. "Viajamos en libro", oí decir en Mérida hace poco, en un encuentro que mantuve con los integrantes de los clubes de lectura de Azuqueca de Henares, Brihuega, Marchamalo, Cabanillas del Campo, Humanes, Fontanar, El Casar, Yunquera de Henares y Torrejón del Rey, llegados desde la provincia de Guadalajara a lomos de uno de mis libros. Viajamos en libro, sí. Y leemos el mundo, añadiría el bueno de Paulo Freire.

Todo viaje se realiza tres veces, dije aquel día a los lectores viajeros de *En cuanto amanezca*. Se realiza cuando se imagina, cuando se viaja y cuando se recuerda. Los de Guadalajara viajaron con la imaginación cuando leyeron *En cuanto amanezca*. Luego pisaron algunos de los lugares que antes vieron o intuyeron, a través de las páginas de un libro que, como digo, en su introducción, no es una guía turística, ni una obra de consulta; lo más una brújula con la que perderse en parajes tan diversos y de un atractivo tan increíble como las sierras de San Pedro, Helechal o Tentudía; el parque natural de Cornalvo o los mares interiores de la Siberia y La Serena, las afortunadas Vegas del Guadiana y la no menos feraz Tierra de Barros, la mudéjar campiña, la lusitana Raya o las dehesas del suroeste, el bosque de encinas más grande del mundo.

Cuando puedan, animé a quienes me escuchaban, no dejen de abordar la Zafra de Dulce Chacón, y el Fragenal de Benito Arias Montano; el Almendralejo de José de Espronceda y Carolina Coronado; la Olivenza de Manuel Pacheco y el Alburquerque de Luis Landero; el Ibahernando de Javier Cercas y el Trujillo de Daniel Casado o el San Vicente de Alcántara de Ángel Campos y la Plasencia de Gonzalo Hidalgo, la Zalamea donde Antonio de Nebrija dio a luz la primera gramática de la lengua castellana, el Hornachos de los manuscritos moriscos y la Barcarrota donde en 1992 aparecieron once libros, emparedados durante siglos, entre los que se encuentra un ejemplar único de una edición hasta entonces desconocida del *Lazarillo…*

Me consta que tras su vuelta a casa, los castellano manchegos volvieron a vivir el viaje a Extremadura, convirtiéndose en los mejores pregoneros de nuestra tierra en sus lugares de origen.

Para escribir *En cuanto amanezca* me aventuré hace unos años en la provincia de Badajoz sin prisas ni manuales. Lo hice a salto de comarcas, yendo a cada una de ellas según el dictado de las estaciones y el de mi propio corazón. Fui a lugares muy visitados y a otros que muy pocos conocen, siempre –por razones que nada tienen que ver con el sentido común– por veredas y caminos poco hollados, a veces, más que inéditos, olvidados por la falta de uso. Entre los lugares de renombre, aquellos que se citan en casi todos los folletos turísticos, recorrí cada uno de los conjuntos históricos de un territorio cuya silueta parece la de una carabela volviendo de las Indias, y visité los grandes monumentos de todos los tiempos. Pero fui también a sitios que no aparecen en los mapas, apartados rincones, casi perdidos, de una tierra, la extremeña, que sorprende a cada paso, colocando a más de uno, por desconocimiento de lo propio, en la difícil posición de asombrarse con la admiración ajena.

En ningún caso se pretende que el lector de este o de cualquier otro libro sobre Extremadura siga las rutas marcadas. Un viaje es una aventura y esta es siempre algo personal, interior. Lo importante es seguir la voz del corazón. Al hacerlo, comprobarán que las posibilidades que ofrece esta tierra son infinitas. El legado histórico-artístico de Extremadura es impresionante; sus recursos naturales, innumerables; sus escenarios literarios, inimaginables… En fin que, al final del viaje, tal vez coincidan conmigo en que han puesto los ojos sobre algunos de los lugares más bellos y entrañables que se puedan encontrar en el camino…

(HOY - Trazos-, 26 de julio de 2009)

EL EXILIO LITERARIO EXTREMEÑO.
EL REGRESO DEL *SINAIA*

El filólogo Agustín Mateos (Malpartida de Plasencia) y el maestro José Triviño (Benquerencia de la Serena) son dos de los extremeños que se encuentran en el Sinaia en mayo de 1939. Tras haber cruzado los Pirineos en febrero de aquel año, escapando de la victoria franquista y soportando durante meses la "hospitalidad" de los campos de refugiados franceses, embarcan en el puerto de Sète, cerca de Marsella, rumbo a Veracruz (México).

Cuentan quienes los conocieron que, al salvar el estrecho de Gibraltar, y alcanzar aguas atlánticas, el Sinaia, viejo buque inglés, empezó a dejar tras de sí una estela de tristeza y melancolía que anidaría para siempre en los ojos de Agustín Mateos, de José Triviño y de cuantos con ellos iban: 950 hombres, 400 mujeres y 330 niños.

La llegada del Sinaia al puerto de Veracruz marcaría el comienzo del exilio español en México. Lo siguieron otros barcos (el Flandes, el Imánela, el Mexique...), con miles de exiliados más, pero el símbolo, el buque insignia del exilio republicano español seria ya para siempre el Sinaia.

ESPAÑOLES SIN PATRIA

En *Españoles fuera de España*, Gregorio Marañón contabiliza catorce grandes éxodos políticos desde la época de los Reyes Católicos. En las páginas de la historia de Extremadura aparecen nombres de exiliados tan ilustres como Manuel Godoy, los escritores Meléndez Valdés y José de Espronceda y el bibliófilo Bartolomé José Gallardo.

Sí, el nuestro es un país de exilios, pero ninguno como el de los republicanos durante el pasado siglo XX. A diferencia, por ejemplo, del destierro de los liberales decimonónicos, formado principalmente por una minoría de intelectuales y políticos, el exilio que siguió a la Guerra Civil fue el de todo un pueblo. No en vano, la masa de exiliados revelaba una enorme pluralidad interna, tanto por su procedencia geográfica, como por su composición demográfica, su ocupación socio-laboral y su perfil ideológico. De hecho, partieron al exilio españoles de todas las edades, de todas las condiciones sociales, de todas las regiones. Y en cuanto a sus credos políticos, ocupaban todo el espectro, desde el liberalismo democrático hasta el anarquismo, pasando por el socialismo y el comunismo.

Aunque muchos de los exiliados lograron regresar durante los años cuarenta, el exilio republicano permanente quedaría constituido por más de doscientas mil personas, doscientos mil españoles sin patria, entre los que se encontraba la mayoría no solo cuantitativa sino también cualitativa de los intelectuales, personalidades de la cultura y artistas, científicos, docentes y profesionales cualificados, lo que supuso un cataclismo para la vida cultural de la posguerra española, engrandeciendo en cambio la de los países de acogida, entre los que destacan, por razones obvias, de lengua y cultura, los americanos, y entre ellos el México del general Lázaro Cárdenas, que se ofreció a acogerlos con la dignidad de refugiados políticos. Al país azteca llegaron treinta mil españoles, entre los que se hallaban nada menos que 2.700 docentes, 500 médicos, 600 magistrados, jueces y abogados, y 450 escritores , poetas, artistas y periodistas.

Con razón pudo decir León Felipe que aquella España republicana se había llevado la canción, porque entre los intelectuales exiliados estaban sin duda los mejores, un elenco formado en buena parte a la sombra de organismos como la Institución Libre de Enseñanza.

En México (como en Chile, Argentina, Venezuela, Cuba o República Dominicana) la mayoría de los refugiados españoles desarrollaron una actividad intelectual y laboral intensa e importantísima, que, como decía antes, contribuyó notablemente al desarrollo del país azteca. Entre los extremeños del Sinaia se encuentran, como adelantábamos al principio, Agustín Mateos y José Triviño. Sobre el primero volveremos luego. Sobre el joven maestro de Benquerencia de la Serena y su familia (se casa al poco de desembarcar con Teodora Ibáñez, asturiana y pasajera del Sinaia también) solo decir que mientras él enseña, ella, que tiene fama de buena cocinera, abre un restaurante en la calle Donceles, cerca de la catedral de México, donde, años después, departirán jóvenes barbudos como Che Guevara y Fidel Castro, bajo la mirada atenta del joven Jose Antonio Triviño Ibáñez, el hijo del maestro de La Serena, y de doña Teodora, que es como la llamaban a ella los estudiantes cubanos. Este, el primogénito mexicano del extremeño y la asturiana, fue en 1989 uno de los impulsores del Partido de la Revolución Democrática, liderado por Cuauhtemoc Cárdenas, el hijo de aquel Lázaro Cárdenas que en 1939 abrió las puertas del país azteca a mas de treinta mil españoles.

EL REGRESO DEL SINAIA

La Biblioteca de Extremadura puso en marcha hace poco mas de un año un programa especifico de búsqueda y recuperación de la obra escrita de los autores extremeños en el exilio, cuya aportación a la cultura española y universal es de primer orden.

Repatriar dicha obra constituye para la Biex, para toda la región, un acto de enorme significación .

"El regreso del Sinaia", que es como simbólicamente denominamos a este programa (para el caso, el Sinaia es un buque cargado de libros y otros documentos, con rumbo a la Biex), ya ha empezado a dar sus frutos. Lo puso de manifiesto el martes pasado Javier Alonso de la Torre, director general de Promoción Cultural de la Junta de Extremadura durante el acto de presentación de la revista *Alborayque*, dedicada este año al exilio literario. En el transcurso del mismo, la Biblioteca de Extremadura dio a conocer a una pléyade de más de treinta escritores e intelectuales extremeños desterrados a causa de la Guerra Civil, buena parte de ellos lamentablemente desconocidos todavía en la región.

En esta empresa, *Alborayque* -la Biex- ha contado con especialistas de la talla de José Ignacio Rodríguez Hermosell, José Cobos Bueno, Aurora Díez-Canedo (México), Manuel Pecellín Lancharro, Felipe Cabezas Granado, José Manuel Garcia Rol, Florentino Rodríguez Oliva, Victoria María Sueiro Rodríguez (Cuba) y Felipe Traseira González, así como con los testimonio del cineasta Antonio Orellana (México), el pintor Mariano Otero (Francia) y el ingeniero Jacinto Viqueira Landa (México).

Entre los exiliados cuya obra empezamos a rescatar, encontramos nombres tan relevantes como el de los escritores Enrique Díez-Canedo, Arturo

Barea, Luis de Oteyza, Antonio Otero Seco, Rubén Landa Vaz, Agustín Mateos Muñoz, Emilio Criado Romero, Juan Sánchez Miguel y José Alvarez Santullano; astrónomos como Pedro Carrasco Garorena, médicos como Florencio Villa Landa y Jesús de Miguel Lancho; directores de cine y guionistas como el ya citado Antonio Orellana o como Luis Alcoriza y Francisco Camacho, lo actores Pedro Elvira Rodríguez, (Pitouto) y Andrés Mejuto, la actriz Elvira Quintana Molina (también cantante y escritora); políticos como Juan Simeon Vidarte y Fernando Varela Aparicio. En fin, nombres tan significativos para la memoria escrita de la Extremadura del exilio (no solo del exilio) como los de Lorenzo Alcaraz, los hermanos Jacinto y Carmen Viqueira, Nuria de Buen, Mariano Doporto Marchori, Maria Gloria Alvarez-Santullano, Manuel Conde, Ramón López, Luis Romero Solano, Olegario Pachón, Valentin Gonzalez (El Campesino) y Antonio Rodriguez Rosas, entre otros, quienes casi nunca pudieron regresar a su tierra, o lo hicieron cargados de años, solo tras la restauración de la democracia.

LA AMADA IMPOSIBLE

Alborayque distingue tres grandes grupos de escritores exiliados a partir de 1939: los científicos, los memorialistas y los literatos. En este mismo número de *TRAZOS* aparecen un par de sueltos sobre figuras tan esenciales del exilio literario extremeño como Enrique Díez-Canedo, poeta y critico literario y teatral, nacido en Badajoz en 1879, y Arturo Barea, novelista, autor de *La forja de un rebelde*, nacido también en la capital pacense, en 1897. Muy destacadas son también las figuras de Rubén Landa, Luis de Oteyza, Otero Seco el propio Agustín Mateos, del que nos venimos ocupando desde que embarcó en el Sinaia.

Agustín Mateos Muñoz (Malpartida de Plasencia, 1908 - México, 1997) llega a Veracruz el 13 de junio de 1939. Bajo la hospitalidad azteca desarrolla una destacada y fecunda labor profesional, ligada a la Universidad Nacional Autónoma de México (UNAM). A la vez que enseña lenguas clásicas funda la editorial Esfinges (1957), especializada en obras didácticas, como las que él mismo escribe, que tuvieron una enorme acogida y aún siguen editándose. Entre otras, podríamos citar *Gramática latina: ejercicios, antología y vocabulario*.

Rubén Landa Vaz nació en Badajoz en 1890. Estudió Filosofía y Derecho en Madrid, vinculado desde entonces a la Institución Libre de Enseñanza. Durante la Segunda República tuvo responsabilidades en el Ministerio de Instrucción Pública. Llegó a México en 1939, donde después de un breve periodo de docencia en la Academia Hispano Mejicana, pasó al Instituto Luis Vives. Es autor, entre otros títulos, de *La enseñanza secundaria en Portugal*, *Guia para enseñar a leer y escribir a los adultos* y *Luis Vives y nuestro tiempo*. Murió en México D. F. en 1978.

Luis de Oteyza (Zafra,1883 - Caracas, 1961) estudia ingeniería en Madrid, pero pronto se inclina por el periodismo. Dirige el *Matinal* de Oviedo y mas tarde el *Liberal* de Barcelona. A principios de los años veinte funda y dirige *La Libertad*, prestigioso periódico madrileño. Durante la República fue embajador en Venezuela donde regresará después de la Guerra Civil, tras su paso por Nueva York y La Habana. Es autor de las novelas *La tierra es redonda* y *Río Revuelto*.

Antonio Otero Seco (Cabeza del Buey, 1905-Rennes, 1970) empieza su carrera periodística en el *Nuevo Diario* de Badajoz y el *Correo Extremeño*. Se doctoró en Filosofía y Letras en la Universidad Central de Madrid. En 1936 escribe en *Mundo Gráfico*, donde el 3 de julio publica la última entrevista que se le hace a Federico Garcia Lorca. Obligado a abandonar España, se establece en París en 1947, donde será nombrado secretario de la Agrupación de Periodistas Españoles en el Exilio. A su pluma se deben, entre otras, las novelas *Una mujer, un hombre, una ciudad*, *Gavroche en el parapeto* y *La amada imposible*.

TEMPESTAD EN ÁFRICA

Merecen figurar en el cuadro de honor de la ciencia española y aún universal: Pedro Carrasco Garrorena, nacido en Badajoz en 1883; Francisco Vera Fernández de Córdoba (Alconchel, 1888), Mariano Doporto Marchori (Cáceres, 1902), Lorenzo Alcaraz Segura (Guadalupe 1889); los hermanos Vaqueira Landa (Jacinto, 1921; Carmen, 1923). Abundan también políticos que dejan huella en forma de memorias, ensayo y aún novelas, como Fernando Valera Aparicio y Juan Simeon Vidarte. Fernando Valera Aparicio (Madroñera, 1899 - Paris, 1982), diputado por Valencia en 1931, forma parte de la candidatura del Frente Popular de Badajoz, representando a la Unión Republicana de Martinez Barrios. En 1939 pasa a Francia, recalando en México en 1942, regresando a Paris años después. Fue el último presidente del Consejo de la República en el exilio (1971-1977). Es autor de una obra faraónica, con títulos como *Una voz republicana: desde mi trinchera civil* (Valencia, 1938), *Diálogo de las Españas* (Paris, 1957), *La República española ante la crisis actual del mundo* (México, 1964)…

Como colofón nos acercamos a Juan Simeón Vidarte (Llerena, 1902 - México, 1976), vicesecretario del

PSOE entre 1932 y 1939, fue elegido diputado por Badajoz en las tres legislaturas de la República. Tras la guerra pasó un tiempo en las colonias francesas del norte de África , asentándose en México en 1941. De su ingente obra destacan *Tempestad en África: De Gaulle contra Petain* (México, 1941), *Ante la tumba de Lázaro Cárdenas* (México, 1971), *Todos fuimos culpables* (México, 1973), *No queríamos al rey; testimonio de un socialista español* (Barcelona, 1977) y *El bienio negro y la insurrección de Asturias*. Vidarte reclamó judicialmente que su novela *Tempestad en África* había servido como base para el guión de *Casablanca*, pero esa es ya otra historia.

(Hoy —Trazos—, 18 de diciembre de 2010)

EXTREMADURA EN SUS MAPAS

La necesidad del hombre de situarse en el entorno que habita es una constante en la historia de la humanidad. La exposición cartográfica "Extremadura en sus mapas", que se puede visitar en la BIblioteca Regional, así como la obra "Cartografía histórica de Extremadura", que le sirve como catálogo, responden de alguna forma a esa necesidad, inscribiéndose en la línea de trabajo que la Consejería de Cultura y Turismo realiza desde hace dos lustros con el objetivo de rescatar y dar a conocer el patrimonio bibliográfico y documental que atesora la región.

Tanto una como otra muestran los vaivenes que ha sufrido el solar extremeño como consecuencia de los distintos avatares y sucesos que en él tuvieron lugar a lo largo de la historia.

El catálogo recoge en dos volúmenes un total de 419 documentos cartográficos, de los cuales 218 presentan un estudio completo y 201 aparecen con sus referentes fichas técnicas para los que se han seguido las normas internacionales de catalogación de este tipo de documentos. Los mapas y planos manuscritos e impresos se encuentran sueltos o formando parte de atlas, documentos o publicaciones antiguas y son de diversas materias: generales, órdenes militares, conflictos bélicos, itinerarios, comunicaciones, planos de población, planos de fortificaciones, etc.

El libro reúne la cartografía histórica extremeña de los siglos XVI a XIX, que se custodia en los principales archivos, bibliotecas y cartotecas extremeñas y españolas.

Entre las aportaciones de instituciones extremeñas destacan las de los Archivos Históricos Provinciales de Cáceres y de Badajoz, los Archivos de las Diputaciones de Cáceres y Badajoz, así como los de la propia Biblioteca de Extremadura. Entre los documentos de instituciones nacionales es necesario citar la aportación del Archivo General de Simancas, Instituto Geográfico Nacional, Real Academia de la Historia, Real Academia de Bellas Artes de San Fernando, Biblioteca Nacional, Museo Naval, Centro Geográfico del Ejército e Instituto de Historia y Cultura Militar.

El ejemplar más antiguo que se recoge en el catálogo es un manuscrito del año 1566, un plano de la "Dehesa del Rincón de Almorchón", cerca de Cabeza del Buey, localizado en el Archivo General de Simancas. La primera reproducción exenta del territorio extremeño se fecha en el año 1616. Se trata de un pequeño mapa editado en Amsterdam:

"Estremadura, Descriptio Estremadurae in Hisp(ania)". Hasta entonces, Extremadura siempre había aparecido ligada a Castilla, de la que políticamente formaba parte.

La exposición "Extremadura en sus mapas", comisariada por Javier Paule y el firmante de este escrito, está compuesta por una selecta muestra de mapas y planos pertenecientes en su totalidad a los fondos de la Biblioteca de Extremadura, así como por monumentales reproducciones fotográficas que visten los muros y columnas de la sala donde se exponen los originales, obra (las fotografías) del extremeño Vicente Novillo.

La procedencia de los documentos cartográficos expuestos es diversa, pudiendo contemplar el visitante impresiones realizadas en Amberes, Paris, Venecia, Nuremberg, Amsterdam, Viena, Londres o Madrid, que sin duda reflejan las variaciones históricas del solar extremeño a lo largo de los tiempos.

Recorriendo la exposición y ojeando el catálogo, nos trasladaremos a la sitiada Badajoz de la guerra de la Independencia o de la guerra de Restauración portuguesa, caminaremos por el imponente amurallamiento oliventino, y nos embriagaremos ante el paisaje de la Raya portuguesa, desde cualquiera de los castillos que en distintos grados de conservación salpican el territorio, ocupando los roqueros que coronan las villas fronterizas: Alburquerque, Alconchel, Alcántara o los que alegran la Sierra de Gata.

Ciertamente destaca la cartografía de la frontera. No podría ser de otra forma, pues muchos de los conflictos bélicos que se produjeron a lo largo de la historia entre los dos países tuvieron un gran protagonismo en las localidades y fortalezas situadas en los respectivos límites fronterizos de España y Portugal: ocupación de Olivenza en 1657 por el duque de San Germán durante la Guerra de Restauración; devolución de la soberanía portuguesa de Olivenza en el Tratado de Lisboa de 1688; asedio de Badajoz en 1705; invasión de Portugal en 1762, Guerra de las Naranjas en 1801; Tratado de Badajoz, etc.

Mas la cartografia extremeña no se limita a la de la Raya. Su variedad temática es enorme como demuestran la selección de mapas y planos expuestos en la BIEX (todos anteriores a 1900), como los relacionados con la Guerra de la Independencia, entre los que podríamos citar las obras tituladas *Battle of the Albuera*" y "*Affair at Arroyo Molinos*"; o de poblaciones y fortalezas, entre los que cabría citar un antiguo plano del castillo de Fregenal de la Sierra.

La obra *Battle of the Albuera* refleja el escenario de la muy conocida Batalla de la Albuera, librada en esta localidad pacense el 16 de mayo de 1811. Impresa en el Reino Unido a comienzos de la década de los cuarenta del siglo XIX, representa las posiciones del bando de los aliados, conformado por las fuerzas españolas y anglo-portuguesas, y el contrincante, representado por el ejército francés, reforzado por un regimiento del Ducado de Varsovia. Se observa la distribución de la caballería, infantería y artillería. El autor del mapa es el grabador y geógrafo escocés Alexander Keith Johnston (1804-1871).

En cuanto a lo que representa el "Affair at Arroyo Molinos", este tuvo lugar el 28 de octubre de 1811, fecha en la que el ejército anglo-hispano-portugués, bajo las órdenes del general Hill derrotó a las tropas francesas del general Girard (…)

El plano del castillo de Fregenal de la Sierra, de autor desconocido y datación indeterminada (XVII), es la única pieza manuscrita presentada en la exposición. Representa una sección del entramado callejero de la plaza, destacando el castillo y su recinto amurallado (…)

En fin, los expertos y aficionados a la cartografía histórica tienen la oportunidad de adentrarse en el pasado a través de cientos de mapas y planos relacionados con la región…

(*HOY* -Trazos-, 30 de abril de 2011)

EXTREMADURA, LA ISLA DEL TESORO

En el capítulo XXV de la segunda parte del *Quijote*, este sentencia que "el que lee mucho y anda mucho, ve mucho y sabe mucho". Cervantes nos muestra cómo a través de la lectura, don Alonso Quijano se transforma en don Quijote, y como éste metamorfosea el mundo en literatura y a las personas en personajes. Siglos después, Borges sostiene que uno no es lo que es por lo que ha escrito, sino por lo que ha leído.

Antes de mis encuentros con Cervantes, y no digamos con el argentino, antes de que la televisión ocupara su trono en los hogares, cuando yo era un crío que vivía en un pueblo de La Serena, llamado Helechal -a caballo entre Castuera y Cabeza del Buey-, el mejor momento del día era al caer la noche, cuando nos sentábamos junto a la lumbre o a la puerta de la calle, según la estación, a oír relatos de miedo, de animales y de tesoros escondidos.

Sin duda, mi pasión por los cuentos nació entonces, antes de aprender a leer, cuando mis abuelos, para cambiar una realidad que no les gustaba la disfrazaban en su imaginación y nos contaban historias de tiempos y mundos lejanos, casi siempre inventados, para lo que utilizaban su increíble facultad de fantasear, tan osada como poco escrupulosa.

Si los cuentos del abuelo casi siempre estaban relacionados con los tesoros enterrados por los moros al ser expulsados de la comarca de La Serena, los de la abuela tenían un aire como de no saber dónde meterse, de forma que más de una noche, después de avistar una llamarada como humana surcando el cielo o ver a un mago diminuto haciéndonos señas desde el fondo de la chimenea, dormíamos los hermanos a salto de camas, apretujados unos contra otros para espantar el miedo. Si, además, oíamos el viento azotando la puerta de la calle, aullando en los tejados o enroscándose como una culebrilla en las ramas de la higuera del corral, nos tapábamos la cabeza con las mantas y nos apretujábamos más aún, si cabe.

La profundidad, la magia, de aquellas historias de la infancia aparecería de nuevo, años después, en unas páginas de Stevenson, leídas con todos los sentidos. No me acuerdo muy bien de la edad que yo tenía entonces. De lo que sí me acuerdo es de que estudiaba alguno de los primeros cursos de aquel bachillerato de siete años y que estaba interno en la residencia de estudiantes de Villanueva de la Serena. Empecé a leer *La isla del tesoro* en la cama, escapando de una gripe mediante una dieta mágica a base de leche caliente y aspirinas. Durante la lectura tuve la vaga impresión de que había como unos hilos invisibles que unían las aventuras escritas por Stevenson y las historias de tesoros que escuché en voz de mis abuelos al amor de la lumbre, antes de saber leer.

Y recuerdo que, al levantar los ojos de aquel libro, sentí un extraño vértigo de horizontes marinos que, al pronto, me impidió reconocer que había regresado a la realidad de las cosas.

De adolescente, leía con un ardor militante que me embriagaba y me hacía caer agotado al acabar cada novela, de tal forma no es de extrañar que, poco a poco, el cuarto de mi casa -mi primera isla del tesoro- fuera conquistado por piratas y mosqueteros, ballenas blancas y raros objetos con los que viajar al centro de la Tierra o a la mismísima Luna. Confieso que ni siquiera cuando el sueño me vencía podía yo abandonar a tantos personajes que reclamaban mi atención. Eso es así porque el lector, ensimismado, baja la guardia y entonces, las novelas tienden a fundirse en una misma historia, de modo que no es raro que anden a la greña por nuestra cabeza todos los don quijotes, robisones, faronis y aurelianos buendía que en la tierra han sido, defendiendo un mundo de utopías frente a ese otro mundo, el real, en el que impera la idea aterradora que sugiere que la totalidad de la vida puede ser reducida, precisamente, a un aspecto: el beneficio material.

Durante cerca de cincuenta años he intentado hacer llegar a mis alumnos (a veces niños y adolescentes, a veces hombres y mujeres hechos y derechos, en busca de una segunda oportunidad) la idea de que todavía hay magia por descubrir, futuro por inventar, libros que gritan que no todo está dicho. Y, como Borges, he llegado a la conclusión de que el verbo leer, como el verbo amar y el verbo soñar, "no admite el modo imperativo". La literatura debe de ser un placer, una forma de felicidad, y no se puede obligar a nadie a ser feliz.

Todavía recuerdo la primera vez que entré en una auténtica librería (la Chiscano de Villanueva de la Serena). Fue al poco de haber leído *La isla del tesoro*. Recuerdo que lo hice con cautela, como si en realidad estuviera entrando en uno de esos templos religiosos, silenciosos y umbríos.

Salí de allí mucho después, cuando los dueños echaron el cierre. Desde entonces ha pasado toda una vida y sigo pensando que el pleno disfrute de un libro empieza por el tacto. El libro, después de mirarlo, tocarlo y hojearlo, hay que leerlo (un libro empieza a serlo cuando se lee, que es cuando cumple la función de unir al escritor con el lector. Hace mucho tiempo, cuando yo empezaba a escribir, me preguntaba una y otra vez cómo se hace un escritor, quién es o no un verdadero escritor. Hoy sé que ser escritor es como ser albañil, un albañil de sueños. Pero hace cincuenta años, cuando escribía obras de teatro que nunca habrían de representarse y poemas que nunca verían la luz, mi mayor preocupación era saber cómo se hace un verdadero escritor.

Un día, con motivo de un viaje que hice a Badajoz para recoger un premio de poesía, me acerqué a Manuel Pacheco y Manuel Martínez Mediero, que formaban parte del jurado que me había premiado, y les pregunté a bocajarro que cómo se hace un escritor. Escribiendo, me respondieron al unísono. ¿Ya está?, exclamé, perplejo. Creo que no hay otra respuesta posible, agregó Pacheco. Basta con quererlo ser -subrayó Mediero-, y empezar ya a escribir, sin desanimarse, con paciencia. Si no se tira la toalla, al final se puede llegar.

Aquel día regresé a casa contrariado ante la respuesta de aquellos dos gigantes (ingenuamente, yo esperaba de ellos la fórmula mágica con la que convertirme en escritor). Por si acaso, seguí escribiendo sin descanso, sobre todo canciones y poemas de amor, como casi todos los que con 15 o 16 años escribían, escribíamos. Luego, a los 19 o 20 años de edad, empecé a recitar mis versos en los tablados de las ferias de los pueblos junto a Pacheco, Jesús Delgado Valhondo, José Antonio Zambrano y otros, arropados en ocasiones por las guitarras y las voces de Luis Pastor y Pablo

Guerrero, hasta que un día, al filo de la madrugada de un verano de finales de los sesenta o principios de los setenta, en un pueblo de las vegas altas del Guadiana, tuve que saltar de un escenario para escapar de las fuerzas vivas del lugar. Aquella noche, al calor de la luz de los mecheros, se me ocurrió leer unos versos que había escrito allí mismo, sentado en la plaza del pueblo, mientras esperaba la hora del acto. Eran cosas que me habían contado los campesinos, los colonos. Historias reales de sufrimientos e injusticias, que no debieron agradar mucho a según qué espectadores, algunos vestidos de verde.

De pronto, aquella madrugada, mientras me bebía caminos y cunetas en dirección a La Serena comprendí que casi todo lo que había escrito hasta aquel momento tenía muy poco que ver con la realidad. Poco después comprendí también que la literatura de buena parte de los escritores e intelectuales de la época estaba divorciada de la vida y que el escritor que yo quería ser sólo podía surgir del reencuentro con la cultura popular.

Tal vez fue entonces cuando intuí que la fuerza creadora viene de la oscura imaginación del pueblo y que la auténtica obra literaria nace de la colaboración del potencial del escritor con el entorno familiar y la tradición anónima (vuelta a los grandes fantasmas de la infancia, a los relatos de los abuelos, la tradición rural, las páginas de nuestra historia…)

Todo ello reforzado con lecturas que van desde la Biblia a Juan Rulfo, pasando por Stevenson, Defoe, Cervantes, Saramago, Sampedro, Borges, García Márquez, Albert Camus o Arthur Miller, por citar sólo unos pocos.

Sin embargo, todavía tuvieron que pasar como quince años antes de que me pusiera a escribir mi primera novela, *La agonía del búho chico*. Durante esos quince años compuse relatos cortos: al principio empecé a reescribir de memoria las viejas y entrañables historias que había escuchado al amor de la lumbre. Más tarde me puse a escribir aquello que veía y oía. Hasta que, por fin, empecé a escribir lo que imaginaba, es decir, lo que yo mismo creaba, que no era otra cosa que una mezcla ingenua de lo leído, escuchado, visto, vivido y soñado.

Para entonces yo ya era consciente de que el mundo literario, el mundo novelesco, es un mundo autónomo que puede alimentarse de la más tajante realidad y de la más rotunda de las fantasías. Julio Verne, por ejemplo, escribió un viaje a la luna, dio la vuelta al mundo y descendió al centro de la Tierra sin salir de Nantes y París.

Por el contrario, todos sabemos que nuestro Miguel de Cervantes tuvo una vida mucho más ajetreada. Sabemos que incluso luchó en Lepanto contra los turcos, que fue perseguido por la justicia y que conoció la cárcel.

Con esto quiero decir que hay escritores que

basan sus historias en la propia experiencia y los hay que las basan en el estudio y la imaginación. Pero a veces sucede, como apuntaba anteriormente, que lo real y lo imaginario se confunden. De hecho, la mayoría de los autores suelen compaginar la experiencia y la imaginación, lo real y lo fantástico. Es la forma que tienen de decir cosas que de otra manera no podrían decir.

En mi caso, cuando empiezo a escribir una novela (pongamos por caso *El efecto Mandela*), normalmente parto de una situación o un evento real. A veces se trata de una historia ajena a mí, una historia que selecciono para contarla y que inmediatamente pasa a formar parte de mí; una historia que recreo, que reinvento, porque en una novela lo que importa en definitiva es el libre navegar de la imaginación del autor, abriendo rutas por las que navegue luego la imaginación del lector.

Esto es así porque el hombre necesita saber, además de lo que ha sido, lo que pudo ser. Nuestra existencia no es sólo lo que nos ha ocurrido, lo que hemos logrado y realizado. Nuestra existencia es también todo lo que se quedó en el camino, las numerosas posibilidades que nunca llegaron a realizarse. El hombre consiste tanto en lo que es como en lo que no ha sido; el hombre es lo que fue y también lo que pudo ser.

Por otra parte, nuestra curiosidad se ve atraída por lo extraordinario. El narrador debe presentar ante los ojos del lector sucesos inesperados, ambientes inaccesibles, mundos maravillosos, personajes fuera de lo común, pero intentando siempre que la balanza esté finalmente equilibrada entre lo que no es habitual y lo que sí lo es, de manera que mientras por un lado se despierta el interés, por otro se exponga la realidad.

En *El Evangelio según Jesucristo*, Saramago sostiene que para bien contar historias "los encuentros decisivos, tal como sucede en la vida, deberán ir entremezclados y entrecruzarse con otros mil de poca o nula importancia, a fin de que el héroe de la historia no se vea transformado en un ser de excepción a quien todo puede ocurrir en la vida, salvo vulgaridades". Y también dice que "es éste el proceso narrativo que mejor sirve al siempre deseado efecto de la verosimilitud".

En cualquier caso, el novelista no puede ser totalmente objetivo. Casi todos hemos oído alguna vez la historia de unos ciegos que querían conocer un animal extraño que acababa de llegar a la ciudad. Cada uno de ellos, después de tocarlo, da su versión. Uno dice que es un conjunto de columnas, porque tocó las patas; otro, que es como una serpiente, porque tocó la trompa; y un tercero dice que es como un abanico, porque tocó una oreja. Nosotros sabemos que era un elefante, pero los ciegos no sabían lo que era un elefante.

Insisto, los escritores somos como aquellos

ciegos: no describimos, sino que interpretamos, recreamos la realidad. Ciertamente, la novela es ficción, pero, al cabo del tiempo, tienen más realidad Don Quijote y Sancho, por ejemplo, que ninguno de sus contemporáneos históricos del siglo XVII; tiene más realidad el coronel Aureliano Buendía que toda la Colombia contemporánea; porque, además, siguen sucediendo una y otra vez, como si fuera un rito, cada vez que un nuevo lector llega a ellos.

Estoy con quienes sostienen que el libro es el más importante de los instrumentos inventados por el hombre. Otros inventos son como extensiones de nuestro cuerpo: el arado y la espada son extensiones de los brazos; la rueda es extensión de nuestros pies; el telescopio lo es de la vista; el teléfono lo es de la voz…, pero el libro es otra cosa, el libro es una extensión nada menos que de la memoria, la balsa salvavidas que nos conduce a la isla del tesoro, o sea, contra todos los tópicos, Extremadura, tierra de libros…

(Pregón en la Casa de Extremadura de Getafe.
5 de Oct de 2019)

GARCÍA MÁRQUEZ O LAS ALAS
DE AMÉRICA LATINA

"La vida no es la que uno vivió, sino la que uno recuerda y cómo la recuerda para contarla" (GGM)

Gabriel García Márquez (Aracataca, 1927– Ciudad de México, 2014), Gabo, como era conocido en el mundo entero, decidió que iba a ser escritor a los diecisiete años, tras leer *La metamorfosis* de Kafka. "Yo no sabía que era posible hacer esto", confesó al ver que Gregorio Samsa podía despertarse una mañana convertido en un gigantesco escarabajo. "Pero, si es así, escribir me interesa". Tres años después publicaba el cuento "La tercera resignación" y ya no dejaría de escribir hasta el pasado Jueves Santo (murió en México DF a la edad de ochenta y siete años). Poco podía imaginar en su juventud que, al cumplir los cuarenta, alcanzaría la gloria con *Cien años de soledad* y que en 1982 recibiría el Nobel de Literatura.

Poco después de ver publicados sus primeros relatos, el 9 de abril de 1948, a la una y cinco minutos de la tarde, un hombre modesto y sin trabajo, con marcados rasgos de esquizofrenia, disparó su revólver a bocajarro sobre el dirigente liberal Jorge Eliecer Gaitán, predestinado a la presidencia de Colombia. Aquel asesinato, jamás esclarecido, fue la mecha que prendió fuego a Bogotá y a todo el país, institucionalizando la violencia y cobrándose en los siguientes años más de doscientas mil vidas. Fue entonces cuando el joven Gabriel García Márquez comprendió que los cuentos que hasta aquel momento había escrito tenían muy poco que ver con la realidad de su tierra. Con veintiún años intuye ya que la literatura de la mayoría de los escritores de Bogotá, y de buena parte del continente, estaba divorciada de la vida, que muchos escribían como si la obra literaria no tuviera que mancharse con la humanidad del autor para entrar en contacto con la humanidad del lector.

El escritor que él quería ser, además de estar comprometido con su obra debía de estarlo también con toda una serie de impulsos éticos y sociales. El escritor que quería ser sólo podía surgir del reencuentro con su cultura Caribe.

García Márquez regresa a sus orígenes y es en Cartagena y en Barranquillas donde logrará algunas de las claves que le permitirían integrar literatura y realidad. Es en Cartagena y en Barranquillas donde intuye que la fuerza creadora viene de la oscura imaginación del pueblo y que la obra literaria nace de la colaboración entre el talento del escritor, el entorno familiar y la tradición anónima.

Los elementos sociopolíticos que conforman el mundo de Macondo transcriben la realidad colombiana, especialmente la que se produce tras el Bogotazo de 1948, que, como apuntaba antes, conduce al país a un clima de insoportable violencia. La formulación narrativa de *Cien años de soledad* escapa a la novela histórica tradicional, pero sería un error de bulto entender la novela como un relato marginal a la conciencia histórica. Esta, la conciencia histórica del escritor, no necesariamente debe manifestarse a través de la novela enmarcada en un contexto histórico.

El coronel Aureliano Buendía promovió treinta y dos levantamientos armados. La lucha política en Macondo y su entorno se centra en la oposición entre liberales y conservadores, una clave histórica fácilmente identificable.

Es conocido el ideario progresista y antiimperialista de García Márquez, sin embargo su compromiso con la realidad, en tanto que escritor, no podía ser un compromiso dogmático y excluyente. Así, Arcadio, gobernador de Macondo, utiliza el poder liberal con la misma violencia con que lo habían usado los conservadores. El propio coronel Aureliano Buendía, tras escapar al pelotón de fusilamiento, a punto de emprender una nueva guerra, desconfía abiertamente de los políticos: "Estaremos perdiendo el tiempo mientras los cabrones del partido estén mendigando un asiento en el congreso".

Ciertamente, ni una ni mil novelas pueden cambiar el mundo, pero también es cierto que no se puede vivir sin ideas ni sin ideología. Gabo, del que Elena Poniatowska, premio Cervantes, dirá un día que el colombiano ha sabido ponerle alas a América Latina, supo encontrar como nadie los puntos de contacto entre la obra literaria y la realidad.

(*Boletín del Instituto Rodriguez Moñino*, abril de 2000)

EN TORNO A LA "BIBLIOTECA DE BARCARROTA"

*L*a *Biblioteca de Barcarrota* es un conjunto de diez libros impresos en el siglo XVI, y un manuscrito, que se encontraron emparedados en el verano de 1992 en el doblado de una casa de ese pueblo extremeño, mientras se hacían reformas en la misma.

El hallazgo fue dado a conocer en diciembre de 1995, cuando la Junta de Extremadura compró el fondo bibliográfico a la familia propietaria de la vivienda, custodiándose desde entonces en la Consejería de Cultura, y desde su creación, con-cretamente en la Biblioteca Regional.

Los libros encontrados, tras cuatro siglos y medio escondidos, fueron publicados en la primera mitad de siglo XVI (hasta 1554). Tienen en común su carácter heterodoxo, su condición de textos com-prometedores, estando la mayoría de ellos incluidos en el *Índice* de la Inquisición, es decir, que eran libros prohibidos en aquella época.

Ciertamente, lo que primero llamó la atención de lo encontrado en Barcarrota fue un ejemplar del *Lazarillo de Tormes*, perteneciente a una edición de

1554, hasta entonces desconocida; mas, junto a esta joya de la literatura picaresca, forman parte de la Biblioteca de Barcarrota otros tesoros gráficos, como un manuscrito italiano de contenido sexual, un pequeño tratado de exorcismos, un ejemplar, también único, de *La Oración de la Emparedada*, en portugués; un tratado de quiromancia y una edición latina de la *Lingua* de Erasmo, libro muy difundido entre los falsos conversos de la época (los cripto-judíos), que pudieron encontrar apoyo espiritual en este alegato erasmista en pro de la tolerancia y la verdadera caridad...

Hay que considerar la heterogeneidad, también, en lo tocante a las lenguas en las que están escritas estas obras, así como a los lugares de impresión. Hay dos obras en castellano; una en portugués, otra en francés; cuatro en italiano y tres en latín; una de ellas, combinando el texto con el griego y el hebreo. Medina del Campo, Venecia, Lyon y París son algunos de los lugares en los que fueron impresos los libros encontrados en Barcarrota...

Contra lo que algunos ignorantes puedan pensar, el hallazgo de la Biblioteca de Barcarrota fue algo formidable en su conjunto: por el valor intrínseco de los libros, por su antigüedad y rareza... y porque nos invita, un poco, a pensar en nuestra identidad... Los libros hallados en Barcarrota, escondidos por el médico Francisco de Peñaranda, según las investigaciones del historiador extremeño Fernando Serrano

(DEP), son de un enorme interés para la historia de Extremadura: se rompen algunos tópicos, dando una dimensión inesperada al manido concepto de la España profunda, de la que algunos superficiales nos hacen modelo paradigmático. Es cierto que un grano no hace granero, pero la demostración de la existencia de personajes como el ya no tan misterioso propietario de la Biblioteca de Barcarrota, es un soplo de optimismo para la moral de un pueblo tan maltratado por la Historia...

(Blog de la UBEX, año 2010)

PUNTO Y FINAL

(A MODO DE TROCEADO EPÍLOGO)

JUSTO VILA

Por aquel despachito del Consejo Económico donde yo realizaba con Antonio Fernández Salazar la primera y única Estructura Económica de la provincia de Badajoz iban a conocerme los mejores "rojos" que hemos tenido y aquello, por estar donde estaba, me llenaba de íntima satisfacción y también de ciertas zozobras, aunque los delegados del sindicato que tuve como superiores me trataron siempre con la mayor corrección y de Chiverches fui gran amigo. Desde aquel puestecito, con oposición incluida, paré la barbaridad que se quiso hacer sobre el Guadiana con una fábrica de papel con un informe definitivo y son pocos los que lo saben.

Por allí pasaron Juan Serna, entonces y siempre lleno de inquietudes y con unos tremendos dolores de estómago fruto de las persecuciones que sufría; Pecellín, que entonces era sencillamente párroco con sus enfrentamientos con don Doroteo y la guardia Civil del pueblo donde estaba; José María Coronas casi era de diario, que oírlo era un aprendizaje y estaba de técnico en una conservera. También venía la derecha inquieta desde Cáceres con Turégano y sus montajes de Lorca…

Hasta que un día llegó un muchacho que hablaba con gran aplomo y conocimiento con un manuscrito de poesías magníficas. Era Justo Vila, que con apenas diecisiete años tuve la enorme suerte de conocer y trabar una sencilla amistad basada en la solidaridad y el humanismo. Justo es sin duda uno de nuestros mejores novelistas, pero sus inquietudes le llevan por el afán solidario a darnos la alegría que nos ha dado viéndolo en las listas del PSOE como independiente para las próximas municipales. Yo admiro profundamente a gentes como Justo Vila, que con una vocación tan consolidada como la suya por escribir tenga además la generosidad de entregarnos el afán de sus ideas, presentándose en una candidatura. Pueden estar seguros que lo hace convencido de morir si fuera preciso por la idea de una ciudad distinta, donde hoy solo priman las rotondas, las florecitas y alguna fuentecita. Es cierto, como dice, que Badajoz es una ciudad sin rumbo. Se van haciendo las cosas propias del ultraliberalismo, como son los supermercados sin señalar, pero la ciudad está vacía, la burguesía cateta queriéndose ir a Marbella o a Isla Cristina todos los fines de semana; el Rocío como prurito por el andalucismo peor entendido, cuando tienen aquí a la Virgen de la Soledad, más aburrida que una mona, y últimamente el Jacobeo, que me deja de la boca con el labio leporino…

Van a tener trabajo por delante si la ciudad los

eligiera, que ésa es otra. Esta lista de Orduña con Justo Vila va a animar las próximas elecciones, las gane quien las gane, y yo desde aquí se lo deseo porque Justo es uno de esos seres que cuando uno quiere que algo mejore, siempre piensas en él. Y no debieran quedarse aquí sus expectativas. Es una gran alegría

"JUSTO VILA" / Por Manuel Martínez Mediero
Periódico Extremadura 25 de marzo de 1999.

JUSTO INVITADO

La Unión de Bibliófilos Extremeños (UBEX) ha invitado este año —como autor de relieve a quien se rinde respeto en la cita de Trujillo— a uno de los suyos, a uno de los nuestros: el escritor Justo Vila Izquierdo. Excelente decisión, loable acierto. Justo (maestro, historiador, escritor, político y, entre otras cosas, director de biblioteca, además de buen bibliófilo), es un personaje poliédrico, pero una persona muy sencilla. Procede añadir que, probablemente, nunca se dio en la patronímica un nombre y sus apellidos de escolta que reflejen mejor la definición del personaje y la persona. Don Justo es justo en su escritura, ecuánime en su dimensión política, calibrado en su andar tranquilo por los caminos de la vida, esas veredas salpicadas de baches dolorosos —a veces muy difíciles de sortear—, por donde deambula desde que tiene uso de razón, tan razonablemente usada. Y, con un caminar pausado, avanza en el viaje de la existencia a la par que, a los problemas, los fue, los va y los irá careando. Si la vida lo saluda a capricho, golpe a golpe, él, justamente, responde a los avatares del existir prosa a prosa.

Vila es un lusitanismo de Villa, de pueblo que no es aldea. Dijo el filósofo y escritor alemán Hermann Graf Keyserling (1880-1946) que la aristocracia de España estaba en el pueblo. En el apellido Vila se aloja la certera toponimia de un linaje noble por la dignidad que fluye en la sangre roja de los humildes. Justo tiene el alma del color de la amapola, la reina de los campos y señora de las villas. Podía haberse apellidado *Cidade, Cité, Town* o, con más pompa, *City*. Apellidos más rimbombantes y sonoros, propios de un escritor de alcurnia; y aun en su modestia silvestre, humilde de retama, le publican novelas y libros las editoriales grandes, como la catalana Tusquets (ahora, también la madrileña Trifaldi), así como una pequeña gran editorial, la extremeña Del Oeste Ediciones.

Justo heredó de su padre el austero Vila, Macondo familiar en el que se retrata una muy temprana condición de emigrante, hijo de la piedra, y lo coloca, ya adulto amostachado, en la caravana profesional y docente por las escuelas de un mosaico de pueblos sembrados en la geografía regional donde era y es el maestro Vila, o don Justo, o simplemente Justo. Como lo plantó el destino de docente en la cárcel de Badajoz, dudoso reformatorio de la bisoja justicia. Allí, al modo de los grandes maestros, más que enseñar aprende de sus discípulos, los presos, acaso ignorantes de la geografía, la historia y la literatura, pero sabios doctores especializados en las muchas cabronadas de la vida. Vida y Vila. Vila y vida, tanto monta.

Izquierdo es la forma políticamente correcta de describir a quien, con cara de no haber roto un plato casi nunca, denuncia desde su tribuna política de concejal presuntos pelotazos inmobiliarios, sin levantar la voz, sin alterarse apenas, al dictado de su conciencia. Sin duda, Izquierdo parece sonar mejor que rojo, donde va a parar, señora. Y es mucho menos despectivo que izquierdoso. Porque el apellido materno lo lleva por las sendas ideológicas cual si fuera un taxista inglés, conduciendo por la orilla siniestra. Como le obliga al compromiso político y social —o el compromiso, sin más—, una rara virtud ética, extranjera en la República de las Letras de los escritores de hoy. Justo Vila Izquierdo, como Miguel Hernández o García Lorca o José Saramago o Gabriel García Marquez o Günter Grass, escribe ficción y se moja, hasta se empapa, en el océano de la cruda realidad que le rodea, respetando la sentencia de Goethe: "Tened en cuenta la realidad, pero apoyad en ella un solo pie". ¿El izquierdo? A su modo, Justo lo dice muy claro: "Hay escritores que basan sus historias en la propia experiencia y los hay que las basan en el estudio y la imaginación y a veces sucede que lo real y lo imaginario se confunden". Ciertamente la novela es ficción, pero al cabo del tiempo tienen más realidad Don Quijote y Sancho, por ejemplo, que cualquiera de sus contemporáneos del siglo XVII. El escritor Justo Vila Izquierdo es un gallo (Miguel Hernández llamó gallo a Lope de Vega) que canta y madruga escribiendo para que la memoria colectiva extremeña no entre, como el búho chico, en estado agónico.

En el almario de este entrañable personaje, el invitado de hoy, cohabita una gran persona: nuestro amigo Justo. Y también el amigo de los libros, pues hay mucho más apilado en los anaqueles de su brillante currículo. Destacamos su condición de director de la Biblioteca Regional de Extremadura. Un reto personal formidable, desafío que muy pocos están dispuestos a afrontar. Pero si una nube por cerosa —es decir, por alta— que sea, no es capaz de hacer tormenta volando por el cielo sola, una persona, de brillantez patente, no será capaz de llevar a cabo tan complejo como importante proyecto sin ayuda: su buen equipo profesional de colaboradores, y quienes gestionan la cultura y la política extremeña, tienen mucho que hacer en apoyo de esta hermosa empresa prioritaria para la Extremadura libresca. La UBEX, colectivo que ama, defiende y promociona el mundo del libro, es decir, la cultura, así lo espera. En nuestra opinión, este afán es como el ilustre invitado, simplemente justo.

Agustín Muñoz Sanz
médico y escritor

LA AGONÍA

En el último número de la "Gazetilla de la UBEX, Oeste Gallardo", en el prólogo a su entrevista, Juana Vázquez Marín sostiene que "Justo Vila es directo, esencial, íntegro... en fin con la frescura y la profundidad de lo verdadero". Justo Vila, autor de *La agonía del búho chico*, una de las mejores novelas escritas en Extremadura, reverdece laureles literarios con una nueva novela, *Siempre algún día*. Pero su nombre, bien ganado en las letras ha saltado a los titulares de los periódicos por otro motivo: Justo Vila, un comprometido con la izquierda de toda la vida, ha aceptado de buen grado ir de número dos en la lista municipal que el PSOE presentará en Badajoz. Justo Vila, de la mano de Eduardo de Orduña, se presentó ante los compañeros y las compañeras y los dejó boquiabiertos y patidifusos . "Badajoz", dijo, "es una balsa a la deriva, que flota porque tiene buena madera, pero sus tripulantes carecen de mapas, de rumbo y no miran a las estrellas... Queremos devolver la esperanza en un Badajoz mejor para todos, y no para unos pocos... Hay que intentar lo imposible, la utopía, para lograr lo posible". ¡Albricias, al fin un hombre que se interesa por la condición humana, y mira al cielo e identifica la estrella Polar entre Casiopea y la Osa Mayor! ¡Cuánto me alegro, hombre, mira que llevo tiempo sufriendo las espinas de la mediocridad, esperanzado en algún Renacimiento no abortivo como el de Borrell, y de bruces me encuentro con un bálsamo para mi espíritu adolorido! ¡Bienvenido sea Justo Vila! De momento con solo mentar su nombre , todo ha sido llanto y crujir de dientes entre sus futuros adversarios. Celdrán Matute, "er señó arcarde", ve la mano de Ibarra tras todo esto, mientras que Moisés Cayetano Rosado, reconocía compungido el abandono de persona tan válida

"LA AGONÍA" / Por Ventura Duarte
Periódico Extremadura, 24 de marzo de 1999.

LA HUIDA

Esta vez fue Santa Amalia el lugar de la cita. El tiempo menudeaba por esos contornos igual que por todos con la clara paciencia que da el sentido de lo próximo: la espera, la espera de que la muerte del general era lo único que podía acabar con una historia donde la libertad se perdía otra vez entre canciones y poemas que la censura tenía que pasar por su dialecto de intenciones.

Las tardes de verano en Santa Amalia son como las de casi todas partes de Extremadura, sobradas de calor, pero también ávidas de sentir algo fresco, algo que obligue a desentumecer el sueño de una espera. Y aquí juega el amor su parte.

Sucedió que fuimos invitados a "dar un recital", Pablo Guerrero (tenía que llover todavía a cántaros), Manuel Pacheco y este José Antonio Zambrano. La plaza del pueblo fue el lugar elegido, porque el reclamo de Pablo y Manolo era más que suficiente para suscitar un interés enorme en toda la población. Al comenzar el acto ya era casi la noche, se encendieron las farolas y se apagaron los grillos, pero no solo se encendieron las farolas, mientras la plaza enarbolaba su impudor como una noche de verbena.

¿Qué viento de ilusión se resiste a un pueblo que pedía canciones y poesía contra la certeza de una realidad? ¿Qué locura no resuelve su vida ante el despropósito mismo de los que pretendían un orden alrededor de aquella plaza?

Había que reinventar la costumbre de la ternura, y así se iba a hacer, pero antes, momentos antes de comenzar se acerca a mí un joven y me dice si teníamos inconveniente en dejarle leer unos poemas. Ni por Pablo y Manolo, y por supuesto por mí no había inconveniente alguno. El recital comenzó: Las canciones de Pablo Guerrero se coreaban, multiplicándose los ecos como en una feria de ilusiones; la voz era como la lluvia que antecede al otoño y lo hace víspera de un porvenir mejor. Luego Manuel Pacheco tronó los aires con aquellos poemas que elegía para este tipo de asuntos, mascando las sílabas como una sierra que gotea el serrín de la madera. Y el tal José Antonio Zambrano que hizo lo que pudo porque siempre tuvo vetada la mirada para esta suerte de clamor.

Por fin fue anunciado el joven que dio en llamarse Justo Vila. Nada más comenzar su lectura, la noche culpó al día de su claridad, el silencio se hizo agónico y los ojos dejaron de resistirse al miedo. Era la novedad de lo prohibido, aquello que jamás en esos tiempos se podía decir, el trueno más que del poema —porque aquello se resistía al misterio— de una descarga que tiene años y años de sequía colectiva. ¡Era la aparición del diablo! ¡Jamás habíamos visto los enamorados de la palabra tamaña osadía!

Inmediatamente el alcalde preguntó: ¿quién es?, ¿de dónde ha salido? Solicitó refuerzos a la Guardia Civil porque los "municipales" eran incapaces de bajar del estrado al joven que se aferraba al micrófono como si de una subyugación se tratara.

Justo Vila fue retirado por la Guardia Civil y llevado al cuartel. Una vez allí burló la vigilancia del oprobio y se fugó. El término de Santa Amalia fue rastreado yerba a yerba, pero el conocimiento de las cunetas que tenía el fugado le dio la posibilidad de mirar las estrellas hasta la llegada del alba.

Ahora Justo Vila sigue reivindicando la utopía, no desde el poema sino desde la novela, donde algún día, siempre, ocupará en nuestro corazón un sitio.

"LA HUIDA"/ Por José Antonio Zambrano
La Gazetilla de la UBEX / 30 de diciembre de 1999

FELIZ RETIRO, MAESTRO

Como se suele decir: "¡En vida hay que hacerlo!" Que muchos años sean los que cumpla con tan buena salud como actualmente disfruta nuestro gran amigo Justo Vila, maestro del Centro Penitenciario, director del club de lectura y del taller literario. Hoy le queremos dedicar unas palabras, aunque para quienes le conocemos se necesitaría escribirle una enciclopedia y no acabaríamos de definir sus múltiples cualidades de escritor. A los alumnos y alumnas que hemos tenido la suerte de conocerlo y tratarlo nos transmite su forma de enseñar con paciencia y siempre de forma correcta. A todas las personas que hemos estado a su lado en sus charlas y coloquios nos ha enseñado a querer la lectura y a ser adictos a ella, a sacar del fondo de un libro lo que nos quiere trasmitir el escritor.

Con su experiencia y sabiduría nos ha ido desgranando poco a poco su vida y sus principios. Como repite siempre, para llegar a ser escritor, lo mejor es escribir mucho, pues la mejor herramienta del escritor es la papelera, porque se gastan y tiran muchos papeles. Hemos experimentado a su lado la lectura viva, el leer, escribir, dialogar, opinar, y lo más importante: escuchar a los demás, que de todo se aprende algo. Se ha preocupado de acercarnos al Centro Penitenciario a poetas, novelistas y dramaturgos para poder dialogar con ellos, ofreciéndonos en directo el arte de los escritores en su más puro sentido. Son muchas las alegrías que nos ha proporcionado don Justo Vila al sentirnos capaces de poder preguntar, dialogar, expresando dudas con ellos.

El tiempo que hemos estado a su lado no ha pasado en vano, nos han quedado unas bellas cicatrices mentales que nunca olvidaremos. Gracias por tus buenas relaciones, por hacernos adictos a la lectura y por tantas satisfacciones que nos has dado. Tus alumnos y alumnas te deseamos todo lo bueno que te mereces para tu futura jubilación, para que con más ahínco que nunca sigas escribiendo y publicando nuevos libros. Te tendremos presente y llegado el momento tu nombre saldrá a relucir y si te zumban los oídos podrás decir que te estamos nombrando. Una vez más te damos las gracias por todo lo que nos has enseñado, "maestro".

"FELIZ RETIRO, MAESTRO" / Por Antonio F. Navarro
En nombre de los miembros del Club de Lectura del Centro Penitenciario de Badajoz.
Revista *Parénteis*, Septiembre de 2015

JUSTO Y NECESARIO

Ya sé que no se estila alegrarse con la felicidad ajena y menos entre escritores, pero les confieso que me puse la mar de contento cuando supe que habían nombrado a Justo Vila director de la Biblioteca Regional de Extremadura. Para empezar, porque esa es la única manera de que el buque insignia del sistema bibliotecario extremeño se ponga por fin en marcha. Para seguir, porque la del piloto me parece una elección acertada.

En el fondo, lo que cuenta es que al frente de la Biblioteca esté una persona solvente y con renombre capaz de gestionar con eficacia una institución de esta envergadura. Tratándose de libros, ¿no es, acaso, el perfil ideal el de un escritor como Vila que, ademas de escribir novelas, buenas novelas, ha publicado libros de historia gracias a su faceta de investigador? ¿Acaso no representa Vila a los bibliotecarios de Extremadura, gente que ama a los libros, por el simple hecho de no pertenecer a ese cuerpo específico?

¿No representa, en fin, Vila a los escritores extremeños en general, que son a quienes más directamente les preocupa que los libros lleguen a todas partes y que crezcan los índices de lectura, más si tenemos en cuenta que contamos con la red de bibliotecas más amplia de España? Esos escritores que, como él, publican sus libros en editoriales de Barcelona o Badajoz y son ponderados por críticos ecuánimes y ganan premios literarios acreditados sin por ello perder de vista los intereses y las necesidades de su tierra. Escritores que prefieren quedarse a vivir aquí, aunque sea a costa de desaprovechar las oportunidades que esos reconocimientos les podrían deparar en la corte y confección literaria. Un escritor, Justo Vila, añado, que ha sido capaz de configurar un mundo literario propio que es también un mundo real en el que habitamos sus lectores, en torno a un imaginario preciso, a una geografía concreta donde planean asuntos de especial trascendencia para cuantos de una u otra forma tenemos conciencia de ser extremeños, esto es de ser seres humanos.

Más allá, si saliéramos del ombliguismo patrio y nos atreviéramos a mirar lo que ocurre por ahí fuera —cosa tan conveniente como inusual— nos encontraríamos, pongo por caso, que en los últimos tiempos han sido tres las veces que el gobierno de Aznar (una persona, no hace falta decirlo, que se jacta de ser un buen lector y que por tanto conoce bien el mundo de la cultura y de los libros) ha nombrado, consecutivamente, directores de la Biblioteca Nacional. Ni Luis Alberto de Cuenca, ni Jon

Juaristi, ni Luis Racionero pertenecían al cuerpo de bibliotecarios. ¿Qué avalaba su designación? En todos los casos lo mismo: su innegable prestigio. Se trata, no se olvide, de cargos con un alto contenido simbólico y emblemático. Siempre me sentí honrado con esos nombramientos (salvo en el caso del "intertextual" Racionero) y así se lo hice saber a los protagonistas, pues son personas que conozco y aprecio.

Por ir más lejos, también Jorge Luis Borges, el autor de la *Biblioteca de Babel*, llegó a ser director de la Biblioteca Nacional Argentina a mediados del pasado siglo.

Vuelvo al principio. Quiero felicitar desde aquí a Justo Vila y a desearle lo mejor al frente de nuestra biblioteca. Es justo y necesario que así sea.

"JUSTO Y NECESARIO" / Por Álvaro Valverde
Periódico Extremadura, 19 de enero de 2002

ÍNDICE

4. ADIÓS, COMANDANTE

5. EN TORNO A LA BIBLIOTECA DE BARCARROTA

EPÍLOGO TROCEADO

Este libro se terminó de imprimir el día
8 de marzo de 2026, en los talleres
de Safekat, Madrid.